Gregor Samarow

Der Todesgruß der Legionen

2. Band

Gregor Samarow

Der Todesgruß der Legionen
2. Band

ISBN/EAN: 9783337355937

Hergestellt in Europa, USA, Kanada, Australien, Japan

Cover: Foto ©ninafisch / pixelio.de

Weitere Bücher finden Sie auf **www.hansebooks.com**

Der Todesgruß der Legionen

Zeit-Roman

von

Gregor Samarow.

Zweiter Band.

Berlin, 1874.

Druck und Verlag von Otto Janke.

Erstes Capitel.

An demselben Abend befanden sich in dem Gartensalon des Hotels in der Rue Mansart, welches der Regierungsrath Meding, der Vertreter des Königs von Hannover bewohnte, zwei Personen im ernsten Gespräch.

Herr Meding saß in einem Lehnstuhl zur Seite des runden Tisches, über dessen Mitte vom Plafond eine große Lampe mit breitem, flachem Glasschirm herabhing, — ihm gegenüber lehnte in einer Chaiselongue, welche neben dem hellen Feuer eines jener altfranzösischen großen Kamine stand, der Graf von Chaudordy, der frühere Cabinetsrath unter Drouyn de L'huys, welcher jetzt als Minister plenipotentiaire zur Disposition gestellt war, sich aber stets im regen Verkehr mit der politischen Welt befand und eine neue Verwendung in der Diplomatie erwartete.

„Ich bedauere," sagte der Graf, „daß aus dem Project, Ihren emigrirten Landsleuten eine Colonie in Algier zu gründen, Nichts werden soll. Man hat sich hier allgemein so lebhaft dafür interessirt, und den armen Leuten, welche nun doch einmal ihr Vaterland verloren haben, würde dort Gelegenheit geboten worden sein, sich eine neue Existenz und vielleicht einen werthvollen Besitz zu schaffen; wir aber hätten durch so fleißige und tüchtige Colonisten für die öconomische Verwaltung Algiers viel gewonnen."

„Ich habe noch vor Kurzem," erwiderte Herr Meding, „mit dem Herrn Faré, dem Director im Ministerium der Finanzen, unter dem die algerische Verwaltung steht, und welcher lange Zeit die Civiladministration bei dem Marschall Mac Mahon geführt, ausführlich gesprochen — auch der Marschall selbst, mit dem ich darüber conferirte, war, obwohl er eigentlich der civilen Colonisation Algeriens nicht besonders günstig ist, doch bereit, Alles für meine Landsleute zu thun, wozu er auch vom Kaiser noch ganz besonders aufgefordert ist, — die Leute selbst wollen sehr gern nach Algerien, allein Seine Majestät hat dennoch das Project definitiv wieder aufgegeben."

„Ich begreife nicht warum," erwiderte der Graf von Chaudordy, „wenn der König daran denkt, jemals wieder für sein Recht unter irgend welchen Constellationen zu kämpfen, so muß er sich doch vor Allem diejenigen Leute erhalten, welche im Stande sind, ihm den Kern einer Armee zu bilden, die er dann durch weitere Emigranten oder durch Werbungen ergänzen könnte."

„Es scheint," erwiderte Herr Meding, „daß im Lande Hannover selbst sehr falsche Ideen über das Colonisationsproject verbreitet worden sind und daß der König in Rücksicht auf die allgemeine Abneigung, welche sich dort gegen dasselbe kund giebt, davon wieder Abstand genommen hat. Ich bedaure sehr," fuhr er fort, „daß man unter diesen Verhältnissen die Sache überhaupt angeregt hat. Ich komme hier dem Kaiser und der Regierung gegenüber in eine eigenthümliche Lage. Ich habe die

Verhandlungen in Folge der vielfachen dringenden Depeschen des Grafen Platen so energisch als möglich betrieben und nun, nachdem alle Verhältnisse schon fast geordnet waren, wird die Sache wieder aufgegeben und zwar — wie Graf Platen angiebt — weil die Aufstellung einer hannöverschen Armee auf dem algerischen Territorium nicht thunlich sei. Ich verstehe eigentlich nicht, was man damit meint — doch gleichviel, die Sache ist aufgegeben, die Emigration wird aufgelöst werden und damit ist, wie ich glaube, die Sache des Königs und der Kampf für dieselbe auch zu Ende. Denn wenn einmal Diejenigen, welche in jahrelangem Exil dem König treu geblieben sind, in alle Welt zerstreut werden, so wird das Volk in Hannover den Eindruck gewinnen, daß nunmehr der König die neue Ordnung der Dinge anerkannt habe."

„Es wäre vielleicht das Beste," erwiderte der Graf von Chaudordy, „wenn der König dies einfach thäte, sich in den Besitz seines großen Vermögens brächte und sich nach England zurückzöge, wo er ja immer eine große und ehrenvolle Stellung behält. Ich habe Ihnen schon früher gesagt," fuhr er fort, „daß ich wenig Chancen für den König zu sehen vermöchte, wenn es ihm nicht gelingen könnte, in Deutschland selbst sich eine große und mächtige Partei zu schaffen, welche in einem gegebenen Augenblick im Stande wäre, eine ernste und nachdrückliche Bewegung für ihn zu organisiren. Von Seiten der Cabinette wird Nichts für ihn geschehen; er hätte sich müssen eine Stellung schaffen, daß im Fall einer großen Katastrophe die Regierungen gezwungen gewesen wären, mit ihm zu rechnen."

„Das ist aber Alles leider nicht geschehen," sagte Herr Meding, „alle Anläufe, die dazu genommen wurden, sind eben Anläufe geblieben und wie das leider so oft an depossedirten Höfen der Fall ist, die ganze Thätigkeit hat sich in kleine und kleinliche Intriguen ausgelöst. Ich bin hier schon lange in einer mehr als peinlichen Situation, um so mehr als Graf Platen — wie Sie ja wissen, den Grafen Breda hierher geschickt hat, welcher als geheimer Agent des Königs figurirt, obwohl Seine Majestät mir persönlich versichert hat, ihn gar nicht zu kennen, und dessen eigenthümliche Thätigkeit die Sache des Königs mehr und mehr discreditirt. Ich würde für meine Person nicht unzufrieden sein, wenn diese ganze Unruhe ein Ende nehme und wenn nur für das ganze Welfenhaus eine sichere und würdige Zukunft geschaffen werden könnte. Doch müßte man sich in Hietzing klar werden, was man will — Eins oder das Andere, entweder den Frieden oder einen so festen und energischen Krieg, daß man gefürchtet bleibt und im gegebenen Augenblick die Macht des Handelns behält. Es scheint aber, daß überall in der Welt heute der Entschluß und die Thatkraft verschwindet. Denn ich muß Ihnen aufrichtig gestehen, daß ich auch hier bei Ihnen nicht mehr verstehen kann, wo man denn eigentlich hinaus will und was man beabsichtigt."

Der Graf Chaudordy seufzte.

„In der That," sagte er, „häuft man hier Fehler auf Fehler. Ich fürchte, daß sich das eines Tages bitter rächen wird; ich bin mit Herz und Seele Franzose und bin dem Kaiser und dem Kaiserreich aufrichtig ergeben, aber für die Dynastie sehe ich in der Art und Weise, wie man hier die Geschäfte behandelt, wenig erfreuliche Aussichten für die Zukunft. Unsere Fehler beginnen von 1866; nachdem sich der Kaiser damals zu keinem Entschluß aufraffen konnte, mußte er dahin gedrängt werden, größere Freiheiten zu geben. Er hat sich auch dazu nur langsam und fast zu spät entschließen können, und da er diesen Entschluß so lange hinausgeschoben hat, so wird er nun gezwungen werden endlich den Krieg zu machen, welcher der größte Fehler sein wird."

„Sie hätten also gewollt," fragte Herr Meding, „daß der Kaiser im Jahre 1866 entschieden für Oesterreich hätte Partei nehmen sollen?"

Der Graf Chaudordy blickte ihn groß an.

„Nein," sagte er, „nicht für Oesterreich; ich habe Herrn von Bismarck immer für sehr stark gehalten, ich habe Preußens Ueberlegenheit über Oesterreich nie bezweifelt und Oesterreichs Niederlage vorher gesehen. Nach meiner Ueberlegung hätte der Kaiser damals — und zwar vor dem Kriege — eine feste und entschiedene Alliance mit Preußen machen müssen, um aus derselben alle die Vortheile für Frankreich zu ziehen, welche das siegreiche Preußen ihm nach dem Kriege nicht mehr gewährte. Auch heute noch wäre es das einzig Richtige, um jeden Preis eine aufrichtige Verständigung mit Preußen zu suchen — das ist die einzige Macht, mit welcher wir eine nützliche und starke Alliance schließen können, und wenn wir diese Alliance nicht schließen, so werden wir ihr und zwar in kurzer Zeit in einem furchtbaren und gewaltigen Krieg isolirt entgegentreten müssen."

„Man rechnet aber doch," warf Herr Meding ein, „sehr erheblich auf Oesterreich und Italien — Sie kennen gewiß die Negotiationen, welche in diesem Augenblick im Gange sind, um einen Coalitionsvertrag mit den beiden Mächten zu schließen. Wie man mir erzählt, soll die Sache sehr weit gediehen sein und man verspricht sich hier sehr viel davon."

„Das wird Alles zu Nichts führen," sagte der Graf von Chaudordy. „Auch in dieser Richtung hin hat man einen

Fehler gemacht. Man hat geglaubt, in Herrn von Beust, an dessen Erhebung zum Minister in Oesterreich der Kaiser großen Antheil hat, einen entschiedenen Alliirten zu finden, — man hat sich getäuscht und hätte dies sogleich erkennen sollen, als die neue österreichische Regierung statt ihre ganze Kraft militairischen Rüstungen zu widmen, sich mit Verfassungsfragen zu beschäftigen begann. Wie ist es denn möglich, sich jetzt auf dieses Oesterreich zu stützen, welches keine Armee und kein Geld hat und uns im entscheidenden Augenblick um so mehr im Stich lassen wird, als die entscheidende Leitung der dortigen Politik täglich mehr in die Hände Ungarns übergeht.

„Der Kaiser erkennt das Alles sehr gut," fuhr er fort, „aber er ist nicht mehr der er war und zwischen den verschiedensten, heterogensten Entschlüssen hin- und herschwankend wird er endlich dahin gedrängt werden, gänzlich isolirt und ohne alle Alliancen den Krieg zu machen, der kaum mit einem entscheidenden Siege für Frankreich enden wird, und der uns leicht in eine unendliche innere Verwirrung stürzen kann, auch giebt man alle Gründe, um vernünftiger Weise dort den Krieg vorzubereiten, aus der Hand. Man hat den Prager Frieden so lange verletzen lassen, daß es fast lächerlich sein würde, heute noch kategorisch dessen Erfüllung zu fordern. Jetzt läßt man die Bewegungen in Baden und Süddeutschland wieder ohne Beachtung und Unterstützung, — es wäre so leicht — und man hat uns darüber Mittheilungen gemacht, eine Volksbewegung in Baden gegen den von der dortigen Regierung projectirten Anschluß an Preußen zu erregen und dadurch die deutsche Frage von Neuem zum Gegenstand der Aufmerksamkeit Europas zu machen. Dann hätte Frankreich einen Interventionsgrund und eine ganz vortreffliche Stellung der deutschen Nation gegenüber — läßt man die Ereignisse weiter gehen, läßt man den

Widerstand der süddeutschen Volkspartei brechen oder ermatten, dann wird man sich demnächst nicht mehr Preußen, sondern dem ganzen Deutschland gegenüber befinden, und das wird für uns die schlimmste und gefährlichste Position sein, in der wir uns befinden können. Es ist in der That ein Glück," sagte er lächelnd, „in diesem Augenblick von der Politik fern zu sein."

„Aber glauben Sie nicht," sagte Herr Meding, „daß Drouyn de L'huys, dem ja der Kaiser schon mehrfach das Portefeuille angeboten hat, doch endlich die Leitung der Angelegenheiten wieder übernehmen und größere Festigkeit und Klarheit in die französische Politik bringen werde?"

Der Graf von Chaudordy schüttelte den Kopf.

„Ich glaube nicht," sagte er, „daß Drouyn de L'huys sich jemals mit dem Kaiser definitiv verständigen wird. Drouyn de L'huys will den Frieden und der Kaiser kann sich nicht entschließen, weder ernsthaft den Frieden zu begründen, noch ernsthaft den Krieg zu machen — er läßt sich treiben und wird in den Krieg hineingedrängt werden, ohne es selbst zu wollen. Für Ihren König und dessen Sache wird es jedenfalls das Beste sein, wenn er einer solchen unklaren, verworrenen Katastrophe fern bleibt, um so mehr, wenn er selbst sich nicht zu klaren Entschlüssen erheben kann."

Der Kammerdiener öffnete die Thür.

Herr von Düring, Herr von Tschirschnitz und die übrigen hannöverschen
Officiere traten ein. Nach und nach kamen noch andere Herren, auch Herr
Hansen erschien.

Das Gespräch wurde allgemein; man unterhielt sich über die

Tagesereignisse.

„Wissen Sie, meine Herren," sagte Herr Hansen, „daß der Proceß des Prinzen Pierre Bonaparte beginnen wird? Wie ich höre, sind alle Juristen der Ansicht, daß der Prinz freigesprochen werden muß."

„Ich wüßte kaum," sagte der Graf von Chaudordy, „wie man ihn verurtheilen wollte. Wenn Jemand in seinem eigenen Zimmer insultirt und angegriffen wird — und Herr Fonvielle hat ja einen geladenen Revolver bei sich gehabt — so steht ihm doch unzweifelhaft das Recht zu, sich zu vertheidigen. Ich liebe den Prinzen Peter nicht, er ist eine unruhige, unberechenbare Natur und sein ganzes Leben, wie seine Person erregt wenig Sympathie, aber in dieser Sache kann man ihm keinen Vorwurf machen — doch ist das Alles sehr unangenehm für die Regierung — es ist, als ob Alles zusammenkäme, um die Stellung des Kaisers zu erschweren. Solche Processe mit oder ohne Schuld der Regierenden finden sich in der Geschichte immer vor großen Katastrophen."

„Der arme Victor Noir thut mir leid," sagte Herr Meding, „ich habe ihn gekannt, er war Redacteur an der ‚Situation' und Herr Grenier hat ihn mir zuweilen geschickt, um mir Mittheilungen zu machen. Ich habe immer eine Sympathie für ihn gehabt, er war eine gute kindliche Natur von harmloser Naivetät, man hat ihn zu dieser Demonstration gemißbraucht, und er ist das Opfer derselben geworden. Wie sieht es bei Ihnen aus," fragte er, sich an einen jungen eleganten Herrn mit blassem Gesicht, schwarzem Haar und zierlichem kleinem Schnurrbart wendend, welcher so eben eingetreten war, „haben Sie bald einen König gefunden, oder glauben Sie es auf die Dauer mit der Republik versuchen zu können?"

„Spanien erträgt dauernd kaum eine Republik," erwiderte Herr Angel de Miranda, der frühere Kammerherr der Königin Isabella, welcher gegenwärtig in Paris lebte und dort eine, zwar private, aber eifrige Thätigkeit für die provisorische Regierung Spaniens entwickelte. „Es hat viel dazu gehört, um die alte Monarchie zu zerstören, wir werden aber," fuhr er mit geheimnißvoller Miene fort, „wie ich glaube, in nicht langer Zeit einen König finden und damit wird diese Revolution endlich zum Abschluß gelangen."

„Ich wünsche Ihnen das von Herzen," sagte Graf Chaudordy. „Für das ganze westliche Europa sind diese unsichern Zustände in Spanien vom schädlichsten Einfluß. Sie müssen übrigens," sagte er lächelnd, „eine kleine Neugier verzeihen, es interessirt mich in hohem Grade, wohin Sie die Blicke wohl gewendet haben könnten, um einen Herrscher für Ihr Land zu finden, — Sie haben da den Herzog von Montpensier, Sie haben den Prinzen von Asturien, Sie haben den Grafen von Montemolin, und wer weiß, ob nicht vielleicht der Marschall Prim, der schon einmal von einem kaiserlichen Diadem von Mexiko träumte, auch jetzt wieder daran denkt, die Gewalt fest zu halten, welche er ja durch die Armee bereits vorzugsweise sich zu eigen gemacht hat."

Angel de Miranda zuckte die Achseln.

„Ich glaube kaum, daß Prim ähnliche Gedanken hegen könnte, er ist klug und weiß sehr gut, daß, wenn er vielleicht eine Zeit lang Dictator sein könnte, er doch niemals und zwar weder von der spanischen Grandezza, noch vom Volk als König acceptirt werden könnte. Ich glaube viel eher, daß er eine Zeit daran gedacht hat und vielleicht auch noch ein wenig daran denkt, den Prinzen von Asturien möglich zu machen, um dann an der Spitze einer Regentschaft als Majordomus die Macht in Händen zu behalten. Doch das Alles ist unpractisch, wir können in Spanien keinen König von den verschiedenen Bourbonenlinien gebrauchen, die Anhänger des Einen würden sich niemals den Anhängern des Andern unterwerfen wollen, das würde zu ewigen Bewegungen und Unruhen führen. Die einzige Möglichkeit dauernden innern Friedens liegt darin, einen fremden Fürsten zu finden, der dem Volk sympathisch ist —"

„Und der vielleicht," fiel Herr Meding lächelnd ein, „irgend wie mit dem iberischen Einheitsgedanken in Verbindung stünde."

Betroffen blickte Angel de Miranda auf.

„Dieser Gedanke," erwiderte er nach einem kurzen Stillschweigen, „ist heute wohl noch nicht reif. Doch liegt allerdings in ihm nach meiner Ueberzeugung die Zukunft der pyrenäischen Halbinsel."

Er trat zu einer andern Gruppe — nach einiger Zeit zog sich der Graf
Chaudordy zurück, und nach einer Stunde leerte sich der Salon von den
Besuchenden — nur die hannöverschen Officiere blieben zurück.

„Nun, meine Herren," fragte der Regierungsrath Meding, „haben Sie
Nachrichten, wie Ihre Vorstellungen in Hietzing aufgenommen worden sind,
und haben Sie irgend welche Beschlüsse gefaßt über die Schritte, welche
Sie demnächst thun wollen?"

„Wir haben noch Nichts von Hietzing gehört," erwiderte Herr von Tschirschnitz. „Ich kann nicht zweifeln," fuhr er fort, „daß der König unsere Vorstellung ernstlich erwägen und berücksichtigen werde. Ich wenigstens bin fest entschlossen, bis auf den letzten Augenblick Alles aufzubieten, um das Schicksal der armen Emigrirten zu erleichtern und sie von völliger Isolirung im fremden Lande zu retten. Ich verstehe auch durchaus nicht, wie es möglich sein sollte, uns das zu verbieten. Die Mißverständnisse, welche da vorliegen, müssen sich ja aufklären."

„Man muß es hoffen," erwiderte der Regierungsrath Meding, „doch bin ich dessen nicht ganz gewiß, denn seit einiger Zeit scheinen sich um den König her lauter Mißverständnisse zu lagern. Sie erinnern sich, daß Herr von Münchhausen bei der Conferenz über das algerische Colonisationsproject, zu welcher er hierher gesendet wurde, Instructionen bei sich führte, welche, wie er sich selbst überzeugte, denjenigen, die mir ertheilt waren, vollständig widersprachen."

Rasch wurde die Thür geöffnet, der Lieutenant von Mengersen, ein großer, schlanker, junger Mann und der Lieutenant Heyse, eine ernste ruhige Erscheinung, traten ein.

„Nun," rief Herr von Düring lebhaft, „Ihr seid wieder zurück? Was bringt
Ihr? Hat sich Alles aufgeklärt?"

„Nichts hat sich aufgeklärt," erwiderte Herr von Mengersen mit zornig bewegter Stimme, „der König hat uns gar nicht angenommen und uns den Befehl geschickt, auf der Stelle wieder zurückzureisen."

„Unglaublich," rief Herr von Düring.

„Aber wahr," rief der Lieutenant Heyse im traurigen Ton, „es scheint, daß man eine vollständige chinesische Mauer um den König gezogen hat und daß Nichts, was von uns kommt, zu ihm dringen kann. Dagegen hat er den Feldwebel Stürmann gehört."

„Den Feldwebel Stürmann," rief Herr von Tschirschnitz, „und uns, seinen Officieren, verweigert er das Gehör! Das ist doch ein Affront für uns Alle, wie er stärker und kränkender nicht gedacht werden kann."

„Graf Platen ist am Tage vorher," sagte Herr von Mengersen, „bei Stürmann in seinem Gasthause in der Stadt gewesen und hat sehr lange mit ihm gesprochen, am andern Tage ist er dann nach Hietzing zum König gebracht worden."

„Und habt Ihr nicht gehört, was nun weiter geschehen soll," sagte Herr von Düring.

„Mit uns zu gleicher Zeit," sagte der Lieutenant Heyse, „ist der Major von Adelebsen hierher abgereist, um das Commando zu übernehmen und die Legion aufzulösen. Es kommt nun darauf an, daß wir uns entschließen, was wir thun wollen für uns und für die Leute, denn auf Gehör beim König haben wir nicht mehr zu rechnen."

„Wir müssen uns fest verbinden," rief Herr von Tschirschnitz, „um Alles aufzubieten, damit die armen Emigranten noch einen Anhaltspunkt erhalten und nicht vereinsamt ihrem Schicksal überlassen bleiben. Ich hoffe, Sie werden uns darin unterstützen," sprach er zu dem Regierungsrath Meding gewendet.

„Ich bedauere auf das Tiefste die Wendung, welche diese Sache genommen," erwiderte dieser, „und die Unmöglichkeit mit irgend welchen Vorstellungen bis an Seine Majestät zu dringen, — ich bin aber hier als Vertreter des Königs und muß, so lange ich auf meinem Posten bin, jeden Befehl, den Seine Majestät mir ertheilen wird, ausführen; und ich rathe auch Ihnen, meine Herren, dringend, keinen Widerstand gegen die Ausführung der Befehle Seiner Majestät zu leisten, doch können Sie auf das Festeste auf meine Unterstützung dafür rechnen, daß den Emigranten nach Auflösung des Verbandes die Möglichkeit geboten werde, sich zu gegenseitiger Unterstützung zu vereinen und Unterkommen und Arbeit zu finden. Ich habe bereits in dieser Beziehung mit verschiedenen einflußreichen Personen Rücksprache genommen und mich ihrer Geneigtheit versichert, zu einem Comité de Patronage für die Emigrirten zusammen zu treten. Der Baron Thénard, welcher großen Einfluß in den Kreisen der Grundbesitzer hat und selbst ausgedehnte Güter besitzt, hat mir bereits zugesagt, mit in dieses Comité einzutreten, ebenso Herr Bocher, welcher in industriellen Kreisen viel Gelegenheit hat, den Emigrirten Arbeit zu schaffen. Ich habe bei der Wahl der Personen wesentlich darauf Rücksicht genommen, daß die ganze Sache gar keinen politischen Charakter habe, daß sie eine reine Wohlthätigkeitsangelenheit sei und denke nun noch einige Damen als Patronesses hinzuzuziehen. Ich zweifle nicht, daß wir dann binnen Kurzem für alle unsere Landsleute vollkommen ausreichende Beschäftigung haben werden. Auch für Diejenigen, welche etwa krank und arbeitsunfähig werden, wird sich dann eine reichliche Unterstützung ermöglichen lassen, wenn man einen Verband herstellt, in welchem Jeder seine Beiträge in eine Krankenkasse zahlt, für welche außerdem von allen Seiten reichliche Hülfsquellen sich öffnen werden. Lassen Sie also den Muth nicht sinken, wir werden ganz gewiß gut für die

Leute zu sorgen im Stande sein. Sie, mein lieber Düring, und Sie, Herr von Tschirschnitz müssen dann mit mir in das Comité de Patronage eintreten und die innere Organisation des Hülfsverbandes der Emigranten übernehmen."

„Das ist eine vortreffliche Idee," rief Herr von Düring, „ich habe früher schon etwas Aehnliches überdacht und dazu einen Organisationsplan ausgearbeitet, den ich seiner Zeit auch dem König eingeschickt habe, den er aber wohl nicht beachtet zu haben scheint —"

„Ich habe bereits dem Könige," sagte der Regierungsrath Meding, „von diesem Plan und den für die Bildung des Comité de Patronage gethanen Schritten Mittheilung gemacht. Durch dies Comité könnte dann auch für Diejenigen, welche so gern nach Algier gehen wollen, ohne daß der König irgendwie dabei betheiligt ist, dort eine vortheilhafte Niederlassung vermittelt werden; damit würde der Wunsch der Leute erfüllt und zugleich jede Betheiligung des Königs dabei ausgeschlossen, welche Seiner Majestät wegen der Stimmung in Hannover unerwünscht ist. Ich bitte Sie also nochmals, meine Herren, legen Sie den Schritten des Herrn von Adelebsen zur Auflösung der Legion keine Schwierigkeiten in den Weg. Lassen Sie diesen Herrn ruhig ausführen, was ihm vom Könige oder von wem es sonst sei, aufgetragen ist, und helfen Sie mir dafür sorgen, daß unsere Landsleute, nachdem sie aus dem Verbande geschieden sind, einen Mittelpunkt finden, der ihnen Schutz und Beistand gewährt."

„Aber wie der König mit uns umgeht," rief Herr von Tschirschnitz, „so hätte er ja zur Zeit des Bestandes des Königreichs Hannover mit keinem Officier umzugehen das Recht gehabt. Mindestens hätten wir doch Gehör erlangen müssen, — dies ist ja geradezu asiatischer Despotismus."

„Meine Herren," sagte der Regierungsrath Meding, „einem unglücklichen Fürsten gegenüber ist die Pflicht des Gehorsams doppelt stark, und vergessen Sie vor Allem nicht, daß wir Alle Vertreter einer Sache sind, welche den Blicken der ganzen Welt ausgesetzt ist. Wir haben für diese Sache gefochten nach allen Kräften, — man kann uns vorwerfen, daß es thöricht und unvernünftig gewesen sei, aber wenigstens haben wir für die Sache gethan, was überhaupt zu thun war. Wenn diese Sache zu Ende sein soll," fügte er noch ernster hinzu, „und ich glaube, daß sie zu Ende ist, so lassen Sie uns ihr den letzten Dienst erweisen, lassen wir sie mit Ehren untergehen, ohne daß wir der Welt das Schauspiel der inneren Zerrüttung und der Fäulniß, welche sie angefressen hat, und an welcher wir wenigstens keinen Theil haben, geben. Wir werden vielleicht in der Lage sein, unsere und der Emigranten Rechte scharf und nachdrücklich zu vertheidigen, aber so lange es möglich ist, darf auch in dieser Vertheidigung Nichts gegen den König unternommen werden, auf dem die Hand des Schicksals schwer genug ruht, und der stets auf unsere Ehrfurcht Anspruch haben wird. Und sollten wir je zu den äußersten Grenzen der Vertheidigung gedrängt werden, so müssen wir wenigstens vor der ganzen Welt beweisen können, daß wir dazu unwiderstehlich gezwungen worden sind."

„Aber man greift unsere Ehre an," rief Herr von Mengersen, „unserer Aller Ehre, denn was in Hietzing über uns gesprochen wird, davon hat man gar keinen Begriff, und auch nach Hannover hin schreiben sie die unglaublichsten Dinge. Es wird gar nicht lange dauern, so wird man wo möglich in den welfischen Zeitungen Artikel über uns lesen."

„Seien Sie ganz ruhig, meine Herren," sagte der

Regierungsrath Meding, „wenn das geschehen sollte, wenn man es wagen würde, unsere Ehre anzugreifen, dann werde ich der Erste sein, der alle Rücksichten bei Seite setzt, und dann wehe Denen, die den Kampf mit uns aufnehmen. Jene werden dem König gegenüber zu verantworten haben, was dann geschehen wird. Bis dahin bitte ich Sie nochmals dringend, jeden Schritt zurück zu halten, der den König verletzen könnte."

„Jedenfalls," rief Herr von Düring, „werde ich meine Magazinbestände dem Herrn von Adelebsen nicht überliefern, ohne eine vollgültige Decharge vom Könige zu bekommen, die ich bereits mehrfach verlangt und die man mir noch immer nicht gegeben hat."

Der Kammerdiener meldete den Legationskanzlisten Hattensauer, und eilig, mit etwas aufgeregter Miene trat ein Mann von etwa fünfzig Jahren von auffallender Häßlichkeit mit kleinen stechenden Augen, einer vorspringenden Stirn, einem glatten, fast kahlen Schädel in das Zimmer. Er neigte sich mit einer gewissen linkischen Höflichkeit nach allen Seiten, näherte sich dann in beinahe demüthiger, unterwürfiger Haltung dem Regierungsrath Meding und überreichte ihm ein großes, versiegeltes Schreiben.

„Eine Depesche ans Hietzing, welche so eben eingegangen ist," sagte er.

Gespannt blickten die Officiere auf den Regierungsrath Meding, welcher langsam das Schreiben öffnete und den Inhalt durchlas.

„Der Major von Adelebsen ist angekommen," sagte der Legationskanzlist Hattensauer, während Herr Meding las, „er hat diese Depesche mitgebracht und wird Ihnen morgen seinen Besuch machen."

Der Regierungsrath Meding faltete langsam das Papier, das er bis zu Ende gelesen, zusammen; ein trauriges Lächeln spielte um seinen Mund.

„Nun," rief Herr von Düring, „haben Sie irgend welches Licht in der
Sache erhalten?"

„Der König," erwiderte der Regierungsrath Meding, „findet meine Bemühungen für die Herstellung eines Comité de Patronage, da dasselbe auch für eine Colonie in Algerien wirken könne, nicht vereinbar mit seinen Beschlüssen, nach welchen er aus militärischen Gründen die Gründung einer solchen Colonie abgelehnt hat. Er befiehlt mir deshalb, aus dem Comité auszuscheiden und mich sogleich nach Thun in der Schweiz zu begeben, um dort seine weiteren Befehle abzuwarten. Das Schreiben ist übrigens," fuhr er fort, „abermals eine Antwort auf etwas durchaus Anderes, als ich geschrieben und außerdem von einer beinah unglaublichen Stylisirung und Logik."

„Unerhört!" riefen die Officiere.

„Und Sie werden diesem Befehl Folge leisten?" fragte Herr von Düring.

„Ganz gewiß," erwiderte der Regierungsrath Meding, „ich stehe noch im
Dienste des Königs und muß seinen Befehlen folgen. Ich bedaure, daß sie
mich zwingen, die armen Emigranten zu verlassen, aber ich kann darin
Nichts ändern, die Verantwortung für ihr Schicksal trifft mich nicht."

„Ich habe auch noch Briefe für Herrn von Düring und für

Herrn von Tschirschnitz," sagte Hattensauer, indem er sich demüthig gebeugt den beiden Herren näherte und jedem ein Schreiben übergab, welches dieselben schnell öffneten und durchflogen.

„Ich bin nach Bern verbannt," sagte Herr von Düring.

„Und ich nach Basel!" rief Herr von Tschirschnitz laut lachend. „Die Sache wird nun geradezu komisch, man scheint sich in Hietzing für die Gebieter der Welt zu halten."

„Haben Sie Nichts für mich?" rief Herr von Mengersen, zu Herrn Hattensauer sich wendend, „vielleicht hat man mich nach Sibirien verbannt."

„Nun, meine Herren," sagte der Regierungsrath Meding, „so müssen wir denn die Hannoveraner ihrem Schicksal überlassen, ich werde noch das Möglichste thun, um sie allen meinen Freunden hier zu empfehlen. Jedenfalls haben wir für sie gethan, was in unsern Kräften stand. Und nun lassen Sie uns schlafen und ausruhen, denn ich glaube, wir können sagen: ‚Finita la commedia'. Morgen wollen wir überlegen, was weiter zu thun ist, und," sagte er lächelnd zu Herrn von Düring und Herrn von Tschirschnitz, „unsere Reisevorbereitungen treffen."

Zweites Capitel

Der Legationsrath Bucher hatte seinen Vortrag bei dem Kanzler des Norddeutschen Bundes, Grafen von Bismarck, beendet.

Der Graf saß in dem Lehnstuhl vor dem Schreibtisch bequem zurückgelehnt, die kraftvolle markige Gestalt erschien noch breiter und voller im Militairüberrock, — die Züge seines Gesichts waren stärker geworden und drückten noch mehr als früher feste, entschlossene Willenskraft aus. Das Haar an seinen Schläfen und der volle Schnurrbart hatten sich mehr und mehr weiß gefärbt, ohne daß dadurch sein Gesicht älter erschien, — der frische Ausdruck seiner klaren, grauen Augen, welche bald streng und drohend, bald tief und gemüthvoll blickten, gab seiner ganzen Erscheinung einen gewissen Schimmer jugendlicher Lebendigkeit.

Vor dem Grafen stand, ein Packet zusammengelegter Papiere in der Hand, der Legationsrath Bucher.

Sein kränkliches feines Gesicht mit den kalt und ernst blickenden kleinen Augen, dem fest geschlossenen Mund und der etwas scharf vorspringenden Nase, seine magere Gestalt, welche dem Grafen Bismarck gegenüber fast winzig erschien, — seine etwas gebückte Haltung, — das Alles gab der Erscheinung dieses merkwürdigen Mannes, der früher seiner politischen Ueberzeugung Heimath und Existenz geopfert und nunmehr das Vertrauen des großen deutschen Staatsmannes zu erwerben und zu erhalten gewußt hatte, einen Ausdruck, der die Mitte hielt zwischen dem Typus eines Bureaukraten und eines Professors.

„Haben Sie die Schrift von Vilbort gelesen," fragte der Graf — ‚l'oeuvre de Monsieur de Bismarck' — es wird in Paris viel besprochen —"

„Und ist auch bereits in deutscher Ueberzetzung erschienen," bemerkte der Legationsrath, „es enthält viel Interessantes und manche sehr bemerkenswerthe Zeugnisse über das, was Herr Vilbort während des Krieges von 1866 selbst gesehen und erlebt hat. — Ob freilich Alles das wahr ist, was Vilbort über die Aeußerungen mittheilt, die Eure Excellenz ihm selbst gegenüber gemacht haben, das müssen Sie selbst besser beurtheilen können, als ich —"

„Im Allgemeinen," sagte Graf Bismarck, „so weit ich das Buch zu durchblättern Zeit gefunden habe, — giebt er meine Aeußerungen richtig wieder, — und das ist schon sehr viel. — So oft man mit einem Journalisten spricht, muß man sich gefallen lassen, daß er Alles, was man gesagt oder nicht gesagt hat, wiedererzählt, wie er es aufgefaßt hat, — oder wie er es aufgefaßt zu sehen wünscht, — das hindert mich übrigens nicht," fuhr er fort, „mich ganz freimüthig und offen gegen diese Herren auszusprechen, wenn ich Gelegenheit habe, einen von ihnen zu sehen; — ich halte mit dem, was ich denke und was ich will, nicht hinter dem Berge, — die ängstliche Geheimnißkrämerei der alten Diplomatie hat keinen Sinn mehr in unserer Zeit, — freilich muß ich dann auch die öffentliche Beurtheilung dessen, was ich gesagt habe, nicht scheuen, und, — Gott sei Dank, — dafür habe ich ganz gesunde Nerven."

„Herr Vilbort," sagte der Legationsrath Bucher, „scheint mir durch die Offenheit, mit welcher Eure Excellenz sich ihm gegenüber ausgesprochen haben, etwas eitel geworden zu sein; — er hält sich für einen Geschichtschreiber, — und das ist er in der That nicht, — auch geht durch sein ganzes Werk ein gewisses sentimentales Jammern über den Krieg, der doch, da die Conflicte einmal unlösbar geworden, eine Nothwendigkeit war."

„Diese Richtung des Buches," fiel Graf Bismarck ein, „das jedenfalls in Frankreich viel gelesen werden wird, ist mir am wenigsten unangenehm, — die Franzosen können in der That eine Warnung vor den traurigen Folgen eines großen Krieges brauchen, — es scheint, daß dort wieder der

Chauvinismus erhitzt wird, und daß man die Geister für einen Krieg vorbereitet, für den Fall, daß man der inneren Schwierigkeiten nicht Herr werden sollte."

„Glauben Eure Excellenz wirklich," fragte der Legationsrath, „daß man in Paris ernstlich an einen Krieg denken könnte, — gerade jetzt in dem Augenblicke, in welchem die Zügel des persönlichen Regiments gelockert sind, in dem Augenblick, in welchem Ollivier, der Mann des Friedens, Minister geworden ist?"

„Die Berichte aus Paris," sagte Graf Bismarck mit leichtem Achselzucken, „sprechen von den friedlichen Dispositionen der Regierung, — ich glaube auch, daß der Kaiser, der arme kranke Mann, sich nach dem Frieden sehnt, — schon um persönlich Ruhe zu haben, — aber Alles," fuhr er fort, „was dort geschieht, kann zu irgend einem plötzlichen Ausbruch führen, auf den wir heute mehr als je gefaßt sein müssen.

„Sehen Sie," sprach er nach kurzem Nachdenken, während er die Augen sinnend emporschlug, „dieser unglückliche Pistolenschuß, der Victor Noir tödtete, diese lauten Anklagen von Flourens, die ungeschickte Verhaftung Rocheforts, ein Bonaparte vor Gericht, des Mordes angeklagt, das Alles bricht über das Kaiserreich herein, — das ist ein furchtbares Verhängniß, — und das constitutionelle Regiment kann die immer höher aufwallenden Wogen nicht beschwören. Die Coterie des Krieges, welche durch einen ruhmvollen Feldzug den Glanz des Kaiserreichs wieder herstellen will, gewinnt an Boden, — der Kaiser ist schwach, — wird man ihn nicht eines Tages dahin bringen, das Aeußerste zu wagen, um den festen Boden wieder zu gewinnen, der ihm täglich mehr unter den

Füßen verschwindet. Er wird vielleicht den Krieg machen aus Schwäche, denn die Schwäche ist tollkühner als die Kraft.

„Für uns," fuhr der Graf fort, „ist der Krieg um so weniger zu fürchten, je mehr die innere Kraft Frankreichs täglich zersetzt wird, — aber der arme Kaiser thut mir leid, — es ist doch eine groß angelegte und im Grunde gute Natur, — und für Europa ist das Kaiserreich eine Wohlthat, — denken Sie, wenn alle diese in den Tiefen gährenden Elemente in Frankreich wieder entfesselt würden!

„Man hat mir da," fuhr er fort, indem er ein Blatt Papier von seinem Schreibtisch nahm, „einen Brief Eugen Duponts mitgetheilt, in welchem dieser thätige Agent der Internationale und Secretair von Carl Marx in London dem Comité in Genf auseinandersetzt, daß die Zeit gekommen sei, in welcher der action sécrète et souterraine die allgemeine revolutionaire Schilderhebung in Europa folgen müsse. Merkwürdigerweise," sagte er, einen Blick in das Schriftstück werfend, „will Dupont den Ausgangspunkt dieser großen Revolution nach England verlegen, weil in Frankreich die Regierung noch zu stark sei."

„England sei das einzige Land," fuhr er fort, „in welchem eine wirkliche socialistische Revolution gemacht werden könnte, das englische Volk aber könne diese Revolution nicht machen, Fremde müßten sie ihm machen und der Punkt, wo man zuerst losbrechen solle, sei Irland."

Der Legationsrath Bucher lächelte. „Das sind Träumereien," sagte er, „wie sie von Zeit zu Zeit sich immer wiederholen, ohne zu praktischen Resultaten zu führen."

„Die Ideen dieses Dupont sind Träumereien, — das ist ganz richtig," fiel Graf Bismarck ein, — „aber in Frankreich ist die

Sache ernster, — dort haben die gemäßigten Mitglieder der Internationale vollständig die Führung verloren und die extremsten Doctrinen dringen immer mehr in die Arbeiterbevölkerung, — bei jeder unruhigen Bewegung kann die Commune proclamirt werden. — Das Alles gährt um den Kaiser herauf und kann ihn eines Tages dazu drängen, einen Verzweiflungscoup zu machen; — wir müssen von dort her immer auf etwas Unerwartetes gefaßt sein."

„Die Elemente der Gährung," sagte der Legationsrath, „von denen Eure
Excellenz sprechen, sind aber nicht nur in Frankreich vorhanden, sondern
erfüllen die ganze Welt, — auch unter den deutschen Arbeitern macht die
Internationale Fortschritte, — ich glaube, daß die Regierungen zu dieser
Frage Stellung nehmen müssen."

„Das sagt mir auch Wagner," rief Graf Bismarck, — „aber welche Stellung soll man dazu nehmen? — Die alten Parteibildungen beginnen sich zu zersetzen, keine der vorhandenen Parteien kann sich dazu erheben, den neuen Zeitfragen mit freiem und klarem Blick entgegen zu treten, — und gerade dieser socialen Frage gegenüber müßte doch die Regierung sich auf eine im Volke selbst wurzelnde Partei stützen. — Das wäre eine Aufgabe für die Conservativen," sagte er sinnend, — „aber leider verlieren gerade diese sich immer mehr in unmögliche und unpraktische Theorien."

„Nun," fuhr er fort, — „wir müssen darüber nachdenken, — jetzt will ich ein wenig hören, was die auswärtige Politik macht."

Er reichte mit freundlichem Kopfnicken dem Legationsrath

die Hand und dieser zog sich mit einer kurzen stummen Verbeugung zurück.

„Ist Jemand im Vorzimmer?" fragte Graf Bismarck den Kammerdiener, welcher auf seinen starken Glockenzug erschien.

„Der englische Botschafter, Excellenz."

„Ich lasse bitten."

Der Minister-Präsident erhob sich und machte einige Schritte nach der Thür, durch welche Lord Augustus Loftus, der Botschafter Ihrer Majestät der Königin Victoria am preußischen Hofe und beim Norddeutschen Bunde, in das Cabinet trat.

Lord Loftus, eine durchaus englische Erscheinung, hatte in seinen Gesichtszügen und in seiner ganzen Haltung eine gewisse feierliche Würde und Zurückhaltung, welche ein wenig gegen das offene, freie Wesen des Grafen Bismarck abstach. Der Lord setzte sich dem preußischen Minister-Präsidenten gegenüber vor den großen Schreibtisch in der Mitte des geräumigen Cabinets, und begann, da der Graf nach einigen gleichgültigen Begrüßungsworten schweigend seine Anrede erwartete, nach einem kurzen Räuspern:

„Sie wissen, lieber Graf, wie sehr die Regierung Ihrer Majestät darauf
bedacht ist, in den Beziehungen der Cabinette unter einander alle
Ursachen des Mißtrauens und der Besorgnisse zu beseitigen, welche dem
Frieden Europas gefährlich werden könnten."

Graf Bismarck neigte zustimmend den Kopf und, indem er eine große Papierscheere ergriff und dieselbe spielend in der

Hand bewegte, sagte er im höflichsten Ton einer gleichgültigen Conversation:

„Die Regierung Ihrer Majestät ist in diesem Bestreben vollkommen von denselben Wünschen geleitet, welche auch uns beseelen und welche wohl, wie ich glaube, von allen Cabinetten Europas getheilt werden. Ich freue mich, von Neuem zu constatiren, daß gerade durch diese allseitigen Wünsche die beste Garantie für die Erhaltung des europäischen Friedens gewährt wird."

Lord Loftus schien ein wenig decontenancirt.

„Die guten Wünsche aller europäischen Regierungen," sagte er, „sind gewiß eine ganz vortreffliche Garantie des Friedens. Indessen," fuhr er ein wenig zögernd fort, „um eine wirklich praktische und vor allen Dingen dauernde Basis für die internationale Ruhe und Stabilität zu schaffen, wird es vor Allem noch nöthig sein, concrete Gründe gegenseitigen Mißtrauens und gegenseitiger Besorgnisse zu beseitigen."

„Ich wüßte in der That nicht," sagte Graf Bismarck, den Botschafter wie erstaunt anblickend, „daß in diesem Augenblick irgend welche Fragen beständen, welche dem Frieden auch nur die entfernteste Gefahr zu bringen vermöchten. Ueberall ist die tiefste Ruhe, ich kann Sie versichern, daß wir wenigstens mit keinem europäischen Cabinet in Erörterungen stehen, welche bedenkliche und kritische Punkte berühren."

„Ich hatte bei meiner Bemerkung von vorhin," erwiderte Lord Loftus, „auch weniger diplomatische Fragen im Sinne, welche gegenwärtig zur Erörterung ständen und zu Differenzen führen könnten, ich dachte vielmehr an thatsächliche Verhältnisse, welche vielleicht weniger ein

Grund, als ein Ausdruck gegenseitigen Mißtrauens sind und deren Beseitigung im Interesse der ruhigen Entwickelung der Zukunft Europas liegen möchte."

„Und welche thatsächliche Verhältnisse meinen Sie?" fragte Graf Bismarck mit vollkommener Ruhe und einem leichten Anflug von Erstaunen in seinem scharfen, fest auf den Botschafter gerichteten Blick.

„Es ist eine Thatsache," sprach Lord Loftus weiter, „welche offen vor Europa da liegt, daß die französische Regierung in den letzten Jahren ganz besondere Anstrengungen gemacht hat, um ihre Militairmacht auf eine außergewöhnliche Höhe zu erheben. Das Gleiche findet bei Ihnen statt, und Sie werden mir zugeben, daß es eine gewisse Besorgniß und Beunruhigung erregen kann, wenn man zwei der bedeutendsten europäischen Mächte bis an die Zähne bewaffnet einander gegenüber stehen sieht."

„Es liegt ja aber," fiel Graf Bismarck in demselben ruhigen, fast gleichgültigen Ton ein, „zwischen Frankreich und uns durchaus keine Veranlassung zu irgend welchen Mißverständnissen vor; im Gegentheil kann ich Sie versichern, daß unsere Beziehungen zu Paris die besten und freundlichsten sind."

„Und doch stehen Sie sich," bemerkte Lord Loftus, „mit so übermäßig angespannten Militairkräften gegenüber, als ob Sie gegenseitig jeden Tag den Ausbruch irgend eines Conflictes zu besorgen hätten. Dieser Zustand," fuhr er etwas lebhafter fort, „wenn er auch den Frieden nicht unmittelbar gefährdet, läßt doch Europa nicht zu sicherem Bewußtsein der Ruhe kommen, und ich glaube, daß besser als alle diplomatischen Versicherungen eine ernste und nachdrückliche Reducirung der unter den Waffen stehenden militärischen Streitkräfte alle die unruhigen Besorgnisse zerstreuen würde, welche angesichts des gegenwärtigen Zustandes sowohl die Cabinette, als die Geschäftswelt erfüllen, — wenn die Armeen Frankreichs und Preußens sich nicht mehr in voller Kriegsrüstung gegenüber stehen, dann wird Europa endlich aufathmen können, befreit von dem Druck, welcher in den letzten Jahren auf ihm lastet."

Graf Bismarck schwieg einen Augenblick, seine Züge nahmen einen ernsten Ausdruck an, er richtete den Blick seiner klaren grauen Augen scharf und durchdringend auf den Botschafter und sagte dann:

„Haben Sie, mein theurer Lord, den Auftrag, die Frage, welche Sie soeben berührten, zwischen Frankreich und uns Namens Ihrer Regierung zur Sprache zu bringen?"

„Ich habe nicht den Auftrag," erwiderte der Lord, „bestimmte Anträge zu stellen, bestimmt formulirte Wünsche auszusprechen, — doch bin ich allerdings veranlaßt, die allgemeine Besorgniß, welche die militairischen Rüstungen in Frankreich und Deutschland der Regierung Ihrer Majestät einflößen, Ihnen nicht zu verhehlen und zugleich auch dem Gedanken Ausdruck zu geben, daß Sie sowohl als die französische Regierung dem ganzen civilisirten Europa einen großen Dienst leisten würden, wenn Sie sich geneigt finden ließen, im gleichen Verhältniß die unter den Waffen stehenden Streitkräfte zu reduciren und dadurch thatsächlich das Vertrauen auf dauernde Erhaltung des Friedens zu erkennen zu geben. Würde ich bei Ihnen die Geneigtheit finden, auf diesen Ideengang einzugehen, so würde die Regierung Ihrer Majestät gern bereit sein, ihre Vermittelung in einer ebenso wichtigen, als delicaten Sache zwischen zwei ihr gleich befreundeten Mächten eintreten zu lassen."

„Und wissen Sie," fragte Graf Bismarck, ohne daß ein Zug

seines Gesichtes sich veränderte, „ob derselbe Gedanke, den Sie mir hier so eben auszusprechen die Güte haben, auch dem Kaiser Napoleon gegenüber von Ihrer Regierung geltend gemacht worden ist?"

„Ich glaube, Ihnen mittheilen zu können," erwiderte Lord Loftus, „daß dies geschehen ist, und daß der Kaiser sich vollkommen bereit erklärt hat, seine kriegsbereiten Streitkräfte nach derselben Verhältnißzahl zu reduciren, welche von Ihnen angenommen werden möchte."

Ein feines, fast unmerkliches Lächeln flog über das Gesicht des Grafen
Bismarck.

„Es würde dann immer die Frage sein," sagte er in leichtem Ton, „wer denn mit der Abrüstung anzufangen hätte — und wer dieselbe controliren könnte, Fragen, an denen oft schon ähnliche Verhandlungen gescheitert sind, — doch," fuhr er dann mit ernstem und nachdrucksvollem Ton fort, „ich will diese Frage nicht aufwerfen, denn sie würde keine practische Bedeutung haben, da ich Ihnen von vorn herein auf das Bestimmteste erklären muß, daß ich garnicht in der Lage bin, auf eine Negociation in der von Ihnen angedeuteten Weise eingehen zu können, und ich würde es bedauern, wenn ich in die Lage käme, der Regierung Ihrer Majestät auf eine directe Aeußerung in jenem Sinne eine bestimmt ablehnende Antwort geben zu müssen."

„So halten Sie es dennoch für möglich," fragte Lord Loftus, ein wenig erstaunt über diese so klare und bestimmte Erklärung, „daß aus den Fragen, welche gegenwärtig in Europa vorhanden sind, nach irgend welcher Richtung hin ein ernster Conflict entstehen könnte, der die Erhaltung einer solchen Waffenrüstung für Frankreich und für Preußen nöthig macht?"

„Was Frankreich betrifft," erwiderte Graf Bismarck, „so habe ich darüber kein Urtheil. Glaubt der Kaiser Napoleon, den innern Verhältnissen gegenüber und mit Rücksicht auf seine sonstigen europäischen Beziehungen seine militairischen Streitkräfte vermindern zu können, so mag er es thun, von unserer Seite hat er am allerwenigsten irgend eine Schwierigkeit oder gar eine Feindseligkeit zu besorgen. Ich würde ihm indessen auf einem solchen Wege nicht folgen können, denn die größere oder geringere Stärke der preußischen Militairmacht beruht nicht in dieser oder jener augenblicklichen diplomatischen Constellation, sie ist eine Grundlage des preußischen Staatslebens und kann ohne einen tiefen Eingriff in dessen wesentlichsten Existenzbedingungen nicht modificirt werden. Ich bin aber von vorn herein überzeugt," fuhr er fort, „daß der König, mein allergnädigster Herr, jedes Eingehen auf diese Frage, ja jede Erörterung derselben auf das Bestimmteste ablehnen würde und ablehnen müßte. Um eine Verminderung und zwar eine wesentliche Verminderung der disponiblen Streitkräfte zu erreichen, müßte man die ganze Militairorganisation Preußens und des Norddeutschen Bundes ändern. Das ist schon verfassungsmäßig schwierig, ja beinahe unausführbar. Außerdem kommt aber dabei noch ein wesentlicher Gesichtspunkt in Frage, den ich Sie wohl in Betracht zu ziehen bitten muß, die preußische Militairorganisation ist nicht nur eine militairische, sondern zu gleicher Zeit auch eine politische und sociale Organisation. Sie ist eine Art von hoher Schule für alle Klassen der Bevölkerung, eine Schule, in welcher die Jugend des Landes die selbstverleugnende Pflichterfüllung lernt, in welcher sie durchdrungen wird von der Hingebung für den König und für das Land, in welcher der Patriotismus gekräftigt und zu vollem klarem Bewußtsein gebracht wird. Man könnte also die Wehrverfassung nicht modificiren, ohne zu gleicher Zeit der militairischen Kraft und der nationalen Einigkeit großen Schaden zu thun, ohne die Ueberzeugung des Volkes zu verletzen, welche in der allgemeinen Dienstpflicht und der damit zusammenhängenden Stärke der Armee die beste Bürgschaft für die Sicherheit und Größe Preußens erblickt. Sie müssen begreifen, mein theurer Lord," fuhr er fort, „daß alle diese Gesichtspunkte es mir unmöglich machen, die Idee der gegenseitigen Entwaffnung weiter zu discutiren; — so lange ich Minister bin, würde ich eine solche Idee dem Könige nicht vorschlagen können, und jede weitere Erörterung des Gegenstandes würde zu gar keinem Resultat führen. Ich glaube, es ist der beste Dienst, den ich Ihnen leisten kann, und der größte Beweis aufrichtigsten Entgegenkommens gegen die Regierung Ihrer Majestät, wenn ich sogleich und ohne Umschweife meine Stellung zu der von Ihnen angeregten Frage offen ausspreche. Ich bitte Sie, das, was ich Ihnen gesagt, als meine unbedingt feststehende Ansicht zu betrachten und auch Ihrer Regierung keinen Zweifel über dieselbe zu lassen."

Lord Loftus verneigte sich und sprach:

„Ich erkenne vollkommen das Gewicht der Gründe an, welche Sie mir angeben und werde dieselben dem auswärtigen Amt zur Kenntniß bringen. Ich bedaure," fuhr er fort, „daß Ihre Mittheilungen mich von der Unmöglichkeit überzeugt haben, den auf Europa lastenden Zustand ängstlicher Besorgniß durch ein einfaches Mittel zu beseitigen."

„Ich begreife nicht, mein lieber Lord," sagte Graf Bismarck, „warum Sie von Kriegsbesorgnissen sprechen? Ich kann Ihnen nur wiederholen, daß ich keine Frage sehe, welche dazu Veranlassung bieten könnte; — wenn einige chauvinistische Blätter in Frankreich nicht aufhören, die Welt von Zeit zu Zeit zu beunruhigen, so kann das doch keinen Einfluß auf die Cabinette der Großmächte haben. Mag sich die Börse hin und wieder darüber erschrecken, wir sollten uns dadurch doch in der That keinen Augenblick aus der Ruhe bringen lassen. Vor Allem," fuhr er mit volltönender Stimme fort, „können derartige auf keinen concreten Gründen beruhende Besorgnisse niemals der Grund sein, daß eine mit dem Ausbau ihrer innern Angelegenheiten beschäftigte, alle Verträge respectirende und mit aller Welt im Frieden lebende Macht ihre langjährige und bewährte Militairverfassung ändern sollte, eine Militairverfassung, auf welcher die Sicherheit beruht, die friedliche und selbstständige innere Entwickelung nöthigenfalls gegen jede Störung schützen zu können."

„Apropos, haben Sie Nachricht vom König Georg?" fragte Graf Bismarck, als Lord Loftus sich erhob, um sich zu verschieden. „Man theilt mir mit, daß er diese unglückliche Legion in Frankreich, welche ihm so viel Geld kostet, und welche doch in der That sehr wenig geeignet ist, um Hannover wieder von uns zu erobern, jetzt auseinander schickt. Mir thun die armen Leute leid, welche durch dies ganze abenteuerliche Unternehmen ihrem Vaterlande und ihren Familien entzogen sind."

„Wenn der König seinen Widerstand aufgibt," sagte Lord Loftus, „sollte es dann nicht möglich sein, ihm den Genuß seines Vermögens wieder zu geben, welches ihm entzogen ist? Ich weiß, daß der Herzog von Cambridge als nächster Agnat sehr viel Antheil an dieser Angelegenheit nimmt, und es wäre in der That erwünscht, wenn sie in befriedigender Weise geordnet werden könnte."

„Niemand wünscht das lebhafter als ich," rief Graf Bismarck, „wir haben im Interesse der Sicherheit Preußens dem Könige sein Land nehmen müssen, aber sowohl mein allergnädigster Herr wie ich selbst wünschen gewiß auf das

Dringendste, daß dem alten, hochberühmten und edlen Welfenhause auch in seiner hannöverschen Linie für die Zukunft eine große und würdige Existenz gesichert bleibe. Aber," fuhr er fort, „wenn der König einfach seine Legion entläßt, weil er sie nicht bezahlen kann, ohne mit seinen übrigen Agitationen aufzuhören, ohne den Frieden mit uns zu machen, so können wir ihm doch wahrlich nicht die Mittel dazu in die Hände geben. Ich muß bekennen, daß mir diese Legion weniger beachtungswerth erschienen ist, als andere Agitationen des Königs, welche sich der Oeffentlichkeit mehr entziehen und für welche ich," sagte er mit entschiedener Betonung, „niemals die Mittel zur Verfügung stellen kann. Will sich der König in die Notwendigkeit der Verhältnisse fügen, will er mit uns Frieden schließen, so wird er dafür gewiß das bereitere Entgegenkommen finden, und wenn der Herzog von Cambridge sich dafür interessirt, so wird er dem König Georg und dessen ganzem Hause gewiß den besten Dienst leisten, wenn er seinen Einfluß anwendet, um ihn zu einem definitiven und aufrichtigen Frieden zu veranlassen."

„Ich werde," sagte Lord Loftus, „wenn sich mir die Gelegenheit bietet, versuchen, in diesem Sinne zu wirken, — ich glaube, daß der Herzog von Cambridge gern die Hand dazu bieten wird, doch ob mit Erfolg, das scheint mir bei dem Charakter des Königs zweifelhaft. Jedenfalls ist meine ganze Thätigkeit in dieser Angelegenheit eine ausschließlich private, hervorgehend aus dem natürlichen Interesse, welches ich für den erlauchten Vetter meiner Königin hege; als Vertreter der englischen Regierung habe ich mit der ganzen Angelegenheit nicht das Geringste zu thun."

Er erwiderte mit einer etwas steifen Verbeugung den Händedruck des Grafen Bismarck, welcher ihn nach der Thür hin begleitete, und verließ das Cabinet.

In dem großen Vorsaal saß in einem Lehnstuhl die schmächtige, magere Gestalt des Grafen Benedetti mit dem bleichen, fein geschnittenen Gesicht, dessen Züge trotz der listigen Intelligenz, welche in ihnen lag, dennoch niemals einen bestimmten Ausdruck erkennen ließen.

Der Graf erhob sich und begrüßte den englischen Collegen.

„Nun," sagte er, „haben Sie Ihre Entwaffnungstheorie discutirt, über welche wir gestern sprachen, und von welcher ich überzeugt bin, daß sie in Paris das bereitwilligste Entgegenkommen finden wird?"

„Ich habe darüber gesprochen," erwiderte Lord Loftus.

„Und?" fragte Benedetti.

„Jede Discussion darüber ist auf das Bestimmteste abgelehnt, man wird das in London sehr bedauern, obgleich die Gründe dafür nicht ohne Berechtigung sind."

In den kalten klaren Augen Benedetti's erschien ein leichter Schimmer von Befriedigung, er schlug jedoch sogleich den Blick zu Boden und sagte mit ruhigem, fast ausdruckslosem Ton:

„Wenn die Welt sich wegen der militairischen Rüstungen in Frankreich und Deutschland beunruhigt, so wird man nun wenigstens wissen, daß wir es nicht sind, die es verweigern zur Beseitigung dieser Unruhe beizutragen, welche übrigens," fügte er hinzu, „nach meiner Auffassung ohne Begründung ist."

Der Kammerdiener des Grafen Bismarck näherte sich dem

französischen Botschafter mit der Meldung, daß der Minister-Präsident bereit sei, ihn zu empfangen.

Graf Benedetti verabschiedete sich von Lord Loftus und trat in das
Cabinet.

„Nun," sagte Graf Bismarck, nachdem er ihn mit offener Herzlichkeit begrüßt hatte, „es scheint, daß man in Europa an den Frieden nicht recht glauben will. Man möchte aller Welt die Waffen aus den Händen nehmen und sie in irgend einem großen Arsenal aufbewahren, damit nur ja kein Mißbrauch damit geschieht. Soeben hat mir Lord Loftus wieder von Entwaffnungsideen gesprochen, welche sich ganz wesentlich auf uns beziehen, — ich begreife das in der That nicht," fuhr er ernster fort, „glaubt man denn, daß zwei große Mächte nur dann im Frieden neben einander leben können, wenn sie Beide nicht die Macht haben, Krieg zu führen? Ich habe nach meiner Ansicht mehr Vertrauen zur Erhaltung des allgemeinen Friedens, wenn alle Mächte stark und kräftig sind, sobald sie nur den aufrichtigen Willen haben, in guten Beziehungen mit einander zu leben. Ich weiß nicht, wie man bei Ihnen über die Möglichkeit einer Reduction der Armee denkt, bei uns ist dies unmöglich, und ich glaube auch, man wird an unsere friedlichen Absichten ohne Einschränkung unserer Armee glauben."

„Ich theile gewiß vollkommen Ihre Ansicht," sagte Graf Benedetti, indem er dem Minister-Präsidenten gegenüber vor dem Schreibtisch Platz nahm, „und bin weit entfernt, in einer starken Militairmacht zweier verständig regierten Staaten eine Gefahr für den Frieden zu erblicken. Indeß," fuhr er fort, „könnte die Idee einer theilweisen Entwaffnung dennoch vielleicht der Beachtung nicht ganz unwürdig sein, wenn man durch eine solche Maßregel der öffentlichen

Meinung und den übrigen Mächten neues Vertrauen in die Stabilität der europäischen Ruhe und Ordnung einflößen kann. Von diesem Gesichtspunkt aus ist, wie ich voraussetzen darf, der Kaiser nicht abgeneigt, eine Reduction der militairischen Kräfte in Erwägung zu ziehen, wobei außerdem noch eine wesentliche Erleichterung des Volkes in Betracht kommt, die für die innere Stellung der Regierungen nicht unwesentlich ist."

„Diese Rücksicht würde bei uns von keiner Bedeutung sein," sagte Graf
Bismarck, „unsere Militair-Verfassung ist mit dem Volke verwachsen, und
Niemand im Volk verlangt eine Erleichterung der auf allen Schultern
gleich vertheilten militairischen Pflichten."

Graf Benedetti sah einen Augenblick zu Boden, dann schlug er den Blick mit einer fast naiven Offenheit zu dem preußischen Minister-Präsidenten auf und sprach:

„Ich bin natürlich nicht in der Lage, die inneren Verhältnisse bei Ihnen so eingehend zu beurtheilen, wie Sie dazu im Stande sind, da ich nur als Fremder in dieselben hineinblicke, — aber doch verfolge ich Ihr öffentliches Leben mit vielem Interesse und glaube bemerkt zu haben, daß in den Parteien Ihrer Parlamente die Frage der militairischen Lasten nicht ganz gleichgültig behandelt zu werden scheint. Nach der Zahl der Mannschaften und nach den finanziellen Mitteln ist der Verfassung gemäß der Militairetat auf eine Periode von fünf Jahren festgesetzt, welche im nächsten Jahr zu Ende geht; nach den Stimmen der Presse," fuhr er fort, „und nach dem, was ich hier und da über die Stimmung der Abgeordneten gehört habe, scheint das Parlament, wenn ihm im nächsten Jahre das Kriegsbudget vorgelegt wird, sehr geneigt zu sein, wesentliche Reductionen zu beschließen, welche gewissermaßen einer theilweisen Entwaffnung gleich kommen würden. Wenn ich mich in der Beurtheilung der hiesigen Verhältnisse nicht täusche," sprach er weiter, während Graf Bismarck zuhörte und von Zeit zu Zeit die Fingerspitzen an einander schlug, — „so bedürfen Sie, um das richtige Gleichgewicht zwischen der Regierung und dem Parlament zu erhalten, der Uebereinstimmung mit allen gemäßigten Nuancen der conservativen und liberalen Parteien. Würde es da nicht vielleicht ein gutes und willkommenes Auskunftsmittel sein, die Rücksichten auf die inneren Verhältnisse und diejenigen auf die auswärtigen Beziehungen zu vereinen durch eine auf diplomatischer Uebereinkunft beruhende Armeereduction? Sie würden die europäischen Mächte, England an der Spitze, verpflichten, die öffentliche Meinung beruhigen und vielleicht einer Verlegenheit entgehen, welche immerhin erwachsen könnte, wenn im nächsten Jahr Ihr Parlament erhebliche Reductionen des Militairbudgets beschließen sollte."

„Diese Verlegenheit," sagte Graf Bismarck, „kann nicht eintreten, und die Rücksicht, sie zu vermeiden, kann auf meine Beschlüsse keinen Einfluß üben."

„So glauben Sie," sagte der Graf Benedetti, „der Zustimmung der Parlamentsmajorität für das Militairbudget auch im nächsten Jahr vollkommen sicher zu sein? Sie verzeihen," fügte er hinzu, „daß ich über Ihre inneren Angelegenheiten mit Ihnen spreche; aber Sie wissen, wie sehr ich mich für dieselben interessire, und Sie haben mir früher schon öfter erlaubt, mich durch die Unterhaltung mit Ihnen über diese Verhältnisse zu belehren."

„Unsere inneren Angelegenheiten," erwiderte Graf Bismarck, artig den Kopf neigend, „liegen ja offen da, und es ist mir immer erfreulich und kann nur zu immer größerer

Klärung meiner eigenen Anschauung dienen, mich mit Ihnen über dieselben zu unterhalten. Sie fragten also," fuhr er fort, „ob ich der Zustimmung des Parlaments zum bisherigen Militairbudget im nächsten Jahre sicher sei? Darauf kann ich Ihnen nur antworten: das weiß ich nicht, denn parlamentarische Majoritäten sind Dinge, die sich nicht vorher berechnen lassen; doch mag dem sein, wie ihm wolle, eine Verlegenheit, wie Sie dieselbe vorher andeuteten, kann für mich nach dieser Richtung hin niemals entstehen. Wenn Sie unsere Verfassung genau studirt haben," sagte er mit einer kaum vernehmbaren Nuance von Ironie in seiner Stimme, „wie ich nach Ihren Bemerkungen voraussetze, so werden Sie gesehen haben, daß der Artikel 60 — nach der Festsetzung der Friedensstärke in der Armee bis zum 31. Dezember 1871 — weiter bestimmt, daß für die Zukunft die Effectivstärke durch die Bundesgesetzgebung bestimmt werden soll. Wenn also, was ich nicht voraussetzen will, aber auch ebenso wenig für unmöglich erklären kann, der Norddeutsche Reichstag im nächsten Jahre das von den verbündeten Regierungen vorgelegte Militairbudget nicht annimmt, so ist eben ein neues Gesetz nicht zu Stande gekommen, und selbstverständlich gilt dann das bisher bestandene Gesetz so lange, bis früher oder später über das an seine Stelle zu setzende zwischen den Volksvertretern und den Regierungen eine Verständigung erzielt ist. Sie sehen also, daß ich um mein Militairbudget nicht in Verlegenheit kommen kann, und daß, wenn Diejenigen," fügte er mit scharfer Betonung hinzu, indem seine Gesichtszüge plötzlich einen sehr ernsten, fast strengen Ausdruck annahmen, „welche sich außerhalb Deutschlands vielleicht veranlaßt finden möchten, eine Verminderung der Waffenmacht zu wünschen, die zur Vertheidigung Preußens und des Norddeutschen Bundes nöthig ist, sich auf gewisse parlamentarische Abneigungen gegen die Bewilligung des Militairetats glauben stützen zu können, — daß sie in solchen Voraussetzungen ihre Rechnung — ohne die Bundesverfassung und ohne mich gemacht haben."

Graf Benedetti verneigte sich.

„Es ist mir erfreulich," sprach er, „Ihre Ansichten so bestimmt und klar ausgesprochen zu hören. Der ganze Gegenstand," fuhr er mit leichtem Ton fort, „ist ja eigentlich keine Frage zwischen uns, Frankreich und Preußen können ihre gegenseitige Stärke ohne jedes Mißtrauen ansehen, es wäre nur ein Entgegenkommen gewesen, welches wir gemeinsam den übrigen Mächten hätten zeigen können —"

„Welche aber ihrerseits," fiel Graf Bismarck ein, „ebenfalls fortfahren, unausgesetzt zu rüsten und zwar in weit größerem Maßstabe, als wir, wie ein Blick auf Oesterreich und auf Italien zeigt. Ich glaube, es ist besser, ein für alle Mal diese ganze Frage der Rüstungen unerörtert zu lassen und den Frieden wesentlich auf den guten Glauben und das Vertrauen zu stützen, welches die Regierungen einander entgegentragen. Sie können mir," fuhr er fort, „wahrlich den Vorwurf nicht machen, daß ich es an solchem Vertrauen fehlen lasse, und daß ich, wenn irgend Etwas vorkommt, was die guten Beziehungen nach irgend einer oder der anderen Richtung zu verwirren im Stande wäre, nicht sogleich durch offenes Aussprechen die Gelegenheit zur Aufklärung und zur Beseitigung der Mißverständnisse gebe."

Ein leichter Ausdruck verschärfter Aufmerksamkeit wurde in dem Blick des
Botschafters bemerkbar.

„Ich freue mich," sagte er, „daß diese Beziehungen gegenseitiger Offenheit und Aufrichtigkeit zwischen uns bestehen. Gerade dadurch ist es ja so oft schon möglich gewesen, manche Wolke zu zerstreuen, welche die so guten und befriedigenden Verhältnisse zwischen beiden Regierungen hätte trüben können. Gegenwärtig," sagte er mit leichtem Lächeln, „sind ja solche Wolken nach keiner Richtung hin vorhanden und —"

„Ganz verschwinden sie niemals," fiel Graf Bismarck ein, „denn immer und immer wieder kommen von der einen oder der andern Seite her Mittheilungen, welche bei ängstlichen und mißtrauischen Naturen, zu denen ich nicht gehöre," sagte er sich verneigend, „Bedenken und Sorgen hervorrufen könnten."

Benedetti blickte ihn erstaunt und fragend an.

„Schon vor längerer Zeit," sagte Graf Bismarck in ruhigem und fast gleichgültigem Ton, „habe ich Ihnen mitgetheilt, Herr von Usedom hätte uns verschiedene Umstände mitgetheilt, welche fast glauben lassen mußten, daß geheime Unterhandlungen zwischen Frankreich und Italien, bei welchen auch Oesterreich betheiligt sei, stattfänden."

„Ich habe damals Gelegenheit genommen," sagte Graf Benedetti schnell, „in Paris Erkundigungen einzuziehen und Ihnen die Versicherung gegeben, daß die Quelle, aus welcher Herr von Usedom jene Mittheilungen geschöpft hat, eine nicht zuverlässige gewesen sein müsse —"

„Herr von Usedom hat seine Quelle nicht angegeben," fiel Graf Bismarck ein.

„Jedenfalls," sagte Graf Benedetti, „war er unrichtig berichtet oder durch den Schein getäuscht und zu falschen Schlüssen veranlaßt worden."

„Es sind nun," sprach Graf Bismarck weiter, „in neuester Zeit wiederholt Winke an mich gekommen, daß abermals eine sehr lebhafte Negociation zwischen den Höfen von Paris, Wien und Florenz stattfindet, welche eine Coalition herzustellen bezweckt, die doch offenbar gegen uns keine allzu freundlichen Absichten haben könnte. Ich meinerseits," fuhr er fort, indem er Benedetti starr ansah und seine große Papierscheere mit der Hand rasch hin und her bewegte, „lege keinen besonderen Werth auf derartige Winke, wenn sie nicht den Nachweis bestimmter und unleugbarer Thatsachen enthalten, vielleicht auch deshalb," sagte er mit Betonung, „weil ich eine Coalition niemals fürchten würde, welche sich der nationalen Entwicklung Deutschlands entgegenzustellen die Absicht hätte."

„Ich werde sogleich," sagte Benedetti eifrig, „nach Paris schreiben und mir bestimmte Aufklärung über diese Frage erbitten. Ich bin aber im Voraus fest überzeugt, daß die Gerüchte, welche zu Ihnen gedrungen sind, jetzt ebenso wenig wie damals Begründung haben, denn ich kenne zu genau den dringenden Wunsch des Kaisers, den europäischen Frieden zu erhalten und ganz besonders die so freundlichen Beziehungen mit dem Könige Wilhelm und seiner Regierung zu pflegen."

„Ich habe Sie nicht darüber interpelliren wollen, mein lieber Botschafter," sagte Graf Bismarck, „ich kam auf die Sache nur durch unser Gespräch und durch die Aeußerungen, welche Lord Loftus mir vorher gemacht hat. Denn wenn," fuhr er fort, „ähnliche Winke, wie sie an mich gekommen sind, auch nach London gelangt sein sollten, und wenn man mit solchen Winken die ganz besondere Thätigkeit in Verbindung bringt, welche in Ihrem Militair-Departement herrscht, so würde in dieser Ideenassociation vielleicht ein Grund zu finden sein, warum man von England aus so dringend wünscht, neue und concrete Garantieen für die Erhaltung des europäischen Friedens zu gewinnen. Nur sucht man diese Garantieen an falscher Stelle; doch," fuhr er abbrechend fort, „ich glaube, wir haben unsere Ideen über den Gegenstand ausgetauscht und stimmen nunmehr im Wesentlichen über denselben überein. Besser als durch die Entwaffnung wird der Friede jedenfalls gesichert sein, wenn alle Veranlassungen vermieden werden, welche zur Entstehung solcher Gerüchte beitragen können, wie ich sie mir so eben zu erwähnen erlaubte."

„Ganz gewiß," sagte Benedetti. „Es ist merkwürdig," fuhr er dann fort, „wie von Zeit zu Zeit immer wieder Fragen auftauchen, welche die glatte und ruhige Oberfläche der europäischen Politik kräuseln. Sie erwähnten so eben der Gerüchte über geheime Verhandlungen zwischen Wien, Florenz und Paris; da wir einmal damit das Gebiet der Hypothesen berührt haben, so darf ich vielleicht meinerseits bemerken, daß, wie man mir aus Paris ganz vertraulich schreibt, dort wieder einzelne Andeutungen vernommen worden sind über einen Plan, den Prinzen von Hohenzollern auf den spanischen Thron zu bringen, einen Plan, über welchen wir ebenfalls früher bereits gesprochen haben und welcher, wenn er wirklich bestehen sollte, ebenfalls geeignet wäre, eine gewisse Beunruhigung hervorzurufen."

Graf Bismarck sah den Botschafter groß und erstaunt an.

„Ich habe neuerdings," sagte er, „Nichts wieder von dieser Idee gehört, welche mir, wie ich Ihnen bereits früher bemerkt habe, im Ganzen ein wenig abenteuerlich zu sein schien. Ich habe heute noch wie damals die Ansicht, daß die Regierung des Prinzen Leopold in Spanien nur von sehr kurzer Dauer sein würde und daß sie ihn großen Gefahren und Täuschungen aussetzen müßte. Ich bin fest überzeugt, daß der König, wenn die Sache jemals an ihn herantreten sollte, dem Prinzen gewiß nicht den Rath geben würde, den spanischen Thron anzunehmen, auch wenn die Cortes dort ihm denselben antragen sollten. Ich weiß auch, daß der Vater des Prinzen, der Fürst Anton vollkommen diese Ansicht theilt. Er weiß," fügte er lächelnd hinzu, „durch die Erfahrung, die er mit dem Fürsten Karl von Rumänien gemacht hat, daß die Souverainetät zuweilen theuer werden kann."

„Der Prinz Leopold," sagte Benedetti in gleichgültig hingeworfenem Ton, indem ein schneller forschender Blick den Grafen Bismarck traf, „würde ja auch übrigens, selbst wenn ein Beschluß der Cortes ihm die spanische Krone anbieten sollte, dieselbe niemals ohne Zustimmung und Erlaubniß des Königs annehmen können, da der König als Chef des Hauses bei den Entschlüssen des Prinzen die letzte Entscheidung hat."

„Das ist nicht der Fall," sagte Graf Bismarck, „der Prinz würde in letzter Linie in seinen Entschlüssen doch nur von seinem Vater abhängen, und der König würde sich gewiß enthalten, einen bestimmenden Einfluß ausüben zu wollen, — ganz gewiß aber wird er, wie ich wiederholen muß, nach meiner Ueberzeugung dem Prinzen nicht den Rath geben, ein so gefährliches und unsicheres Abenteuer zu wagen. Ich glaube übrigens kaum," fuhr er fort, „daß man so bald zur Wahl eines Königs in Spanien gelangen wird; die Personen, welche dort gegenwärtig die Macht in Händen halten, — vielleicht Prim noch mehr als Serrano — werden kaum wünschen, durch die definitive Wahl eines Königs dem gegenwärtigen Zustand, bei welchem sie die Herren des Landes sind, ein Ende zu machen. Die ganze Sache hat nach meiner Ueberzeugung gar keine practische Bedeutung. Man hat ja früher schon," fuhr er im leichten, gleichgültigen Ton fort, „den Namen des Prinzen Friedrich Karl mit der spanischen Krone in Verbindung gebracht, vielleicht wäre dieser Prinz, der ein so tapferer Officier und ein so energischer Charakter ist, noch eher im Stande dieses Abenteuer zu bestehen, als es vielleicht der Prinz Leopold sein möchte. Aber alle diese Dinge sind ja Conjecturen und scheinen mir so recht keinen eigentlichen Bestand zu haben."

„Ich habe den ganzen Gegenstand auch nur erwähnt," sagte Benedetti, „weil wir einmal auf das Gebiet politischer Conjecturen gekommen waren, zu denen auch die vorhin von Ihnen erwähnte österreichisch-italienische Negociation gehört."

Graf Bismarck sah den Botschafter scharf und durchdringend an, dann neigte er mit höflicher Zustimmung den Kopf.

„Ich freue mich also von Neuem constatiren zu können," sagte Benedetti, indem er aufstand, „daß in unsern internationalen Beziehungen kein Punkt existirt, welcher zu Unruhe oder Besorgniß Veranlassung geben könnte, und man wird sich," fügte er lächelnd hinzu, „in London wohl überzeugen, daß auch ohne Entwaffnung zwei große Mächte in Frieden und Freundschaft neben einander leben können."

„Das bewaffnete Deutschland," sagte Graf Bismarck, indem er Benedetti einige Schritte zur Thür geleitete, „ist wenigstens für Niemand eine Drohung — als für Diejenigen, welche sich seiner naturgemäßen freien und nationalen Kraftentwickelung etwa entgegenstellen möchten."

Benedetti verneigte sich, drückte die dargebotene Hand des Minister-Präsidenten und ging hinaus.

Graf Bismarck schritt einige Male langsam im Zimmer auf und nieder.

„Es ist etwas im Werk," sagte er, — „dieser englische Entwaffnungsvorschlag beweist, daß man in London der Ruhe nicht traut, man muß dort irgend welche Winke haben, welche Besorgnisse einflößen, und diese erneuete Erwähnung der Candidatur des Prinzen Leopold, einer Sache, die ich längst vergessen habe und deren flüchtigem und vorübergehendem Auftauchen im vorigen Jahre ich niemals eine ernste Bedeutung beilegen mochte — diese Mittheilungen über die geheime Negociation mit Italien und Oesterreich, welche nicht ganz aus der Luft gegriffen sein können, — es scheint, daß da wieder irgend einer jener verborgenen Schachzüge im Werke ist, denen ich mich seit 1866 unausgesetzt gegenüber befinde. Nun," sagte er, die Brust weit ausdehnend, „mögen sie ihre geheimen Combinationen machen, sie werden diesmal ebenso wenig zu einer ernsten Gefahr führen, als bisher. In Italien wird man sich wohl nicht so leicht entschließen, die einzige Stütze aufzugeben, welche man in Europa findet. Auch der gute Kaiser Napoleon, der immer älter wird, möchte mit jedem Jahr immer weniger geneigt sein, sich den gefährlichen Chancen eines Krieges auszusetzen, den wir, wenn er einmal entbrannt ist," fügte er mit dem Ausdruck eiserner Entschlossenheit hinzu, „bis auf's Messer würden führen müssen. Freilich," sagte er dann nachsinnend, „je schwächer und willenloser er wird, um so leichter möchte es vielleicht der kriegerischen Coterie werden, ihn in eine unüberlegte Unternehmung hineinzuziehen. Die Schwäche des Alters könnte bei ihm zu demselben Resultat führen, das bei Andern durch die Verwegenheit der Jugend hervorgebracht wird. Nun," sagte er mit ruhigem Ton, „ich arbeite mit aller Macht daran, den Frieden zu erhalten — wenn es aber nicht möglich sein sollte — wir sind gerüstet und können jeder Eventualität mit dem ruhigen Bewußtsein entgegensehen, daß wir gethan haben, was an uns ist, um allen Gefahren zu begegnen. Leider, leider," sagte er nach einer Pause, „kann ich noch immer nicht dahin kommen, klar und genau zu übersehen, was unter dieser glatten Oberfläche der französischen Politik in den Tiefen gebraut und vorbereitet wird, — wie traurig, daß man nicht überall selbst sein kann und daß man gezwungen ist, durch fremde Augen zu sehen und mit fremden Ohren zu hören."

Der Kammerdiener trat ein und überreichte dem Grafen ein Billet.

„Ein Herr wünscht Eurer Excellenz dringend angemeldet zu werden, er behauptet, daß Eure Excellenz ihn anhören würden, wenn Sie seinen Brief gelesen, und hat darauf bestanden, denselben sofort zu überreichen."

Graf Bismarck öffnete schnell das Billet. Voller Erstaunen las er die wenigen Zeilen, welche es enthielt. Dann spielte ein eigentümliches Lächeln um seine Lippen und er sagte:

„Führen Sie den Herrn herein."

„Herr Salazar-y-Mazarredo, Deputierter in den Cortes," sprach er halblaut zu sich selbst, nachdem der Kammerdiener wieder hinausgegangen war, „hat mir einen Brief des Marschall Prim zu übergeben? Der Name ist mir vollkommen unbekannt, — es muß eine ganz besondere Angelegenheit sein, daß der Marschall sich direct an mich ohne Vermittlung der spanischen Gesandtschaft wendet." —

Die Thür öffnete sich Graf Bismarck trat mit artiger Höflichkeit, aber in gemessener, kalter Haltung einem noch jungen, eleganten Mann entgegen, dessen regelmäßiges Gesicht mit dunklem, schwarzem Haar und schwarzen lebhaften Augen den Typus der Südländer trug.

Der Eintretende verneigte sich tief vor dem Minister und zog einen versiegelten Brief aus der Tasche seines Fracks.

„Der Marschall Prim," sagte er in französischer Sprache, „hat mir den ehrenvollen Auftrag ertheilt, Eurer Excellenz dies Schreiben zu überreichen."

Graf Bismarck nahm den Brief, welchen der junge Mann ihm darbot, ließ einen flüchtigen Blick über das Siegel und die Aufschrift gleiten und deutete dann mit der Hand auf den Sessel vor seinem Schreibtisch.

„Sie erlauben," sagte er, indem er sich niederließ, — er öffnete das Siegel und las langsam das Schreiben, doch ohne daß in seinem Gesicht eine Spur des Eindrucks bemerkbar wurde, den der Inhalt auf ihn machte. Als er zu Ende gelesen, faltete er den Brief wieder zusammen und sah einen Augenblick den ihm gegenüber sitzenden jungen Mann scharf an.

„Ist Ihnen der Inhalt des Schreibens des Marschalls bekannt, mein Herr?" fragte er.

„Der Marschall hat die Güte gehabt, mir denselben mitzutheilen," erwiderte Herr Salazar-y-Mazarredo. „Er hat geglaubt, in dieser delicaten Angelegenheit sich zunächst ganz persönlich an Eure Excellenz wenden zu müssen, um Ihre ebenfalls persönliche Ansicht zu hören, bevor in der Sache officielle Schritte geschehen. Der Marschall ist überzeugt," fuhr er fort, während Graf Bismarck ruhig und unbeweglich zuhörte, „daß der Abschluß der Revolution, in welcher sich Spanien gegenwärtig befindet, nur durch die Wiederherstellung der Monarchie möglich ist und zwar unter einem Könige, welcher durch jugendliche Kraft und Intelligenz die Schwierigkeiten der Lage zu überwinden im Stande ist und welcher zugleich durch seine persönliche Stellung die Achtung und Sympathie des spanischen Volkes gewinnen kann, ohne mit irgend einer der im Lande bestehenden und mit den verschiedenen Prätendenten zusammenhängenden Partheien in irgend welcher Verbindung zu stehen. Der Marschall hat geglaubt, einen solchen Fürsten, der alle diese Eigenschaften in sich vereinigt, in der Person des Erbprinzen von Hohenzollern zu finden und würde diese Combination um so lieber zur Ausführung gebracht sehen, als dadurch die hohe Achtung, welche er für Deutschland, für den König Wilhelm und Eure Excellenz hegt, ebenso wie der Wunsch mit Preußen und Deutschland in freundschaftlichen Beziehungen zu stehen, thatsächlichen Ausdruck fände. Der Marschall glaubt, daß es leicht sein würde, die Cortes zur Wahl des Prinzen Leopold zu bestimmen. Doch wünscht er nicht eher einen Schritt dazu zu thun, bevor er nicht die Ueberzeugung gewonnen hat, daß Eure Excellenz diesen Plan billigen und daß der König demselben seine Zustimmung geben würde."

Graf Bismarck blickte einen Augenblick schweigend vor sich hin.

„Es ist eine eigenthümliche Frage, welche Sie da an mich richten, mein Herr," sagte er dann. „Ich erkenne dankbar die Gesinnungen des Marschalls gegen Deutschland und gegen mich an, welche ihn zu dieser Frage veranlassen, jedoch muß ich aufrichtig gestehen, daß ich um die Antwort etwas verlegen bin. Es kann ja nur ehrenvoll für meine Nation sein, wenn das spanische Volk einem deutschen Fürsten vertrauungsvoll die Leitung seiner Geschicke in die Hand legen wollte, indeß wird es mir sehr schwer, darüber namentlich in dem gegenwärtigen Stadium der Sache irgend eine bestimmte Meinung auszusprechen. Zunächst würde doch der Entschluß und die Neigung des Prinzen Leopold in erster Linie maßgebend sein. So schmeichelhaft nun auch für diesen Prinzen ein solcher Auftrag sein muß, so werden Sie mir doch auch zugeben, daß er durch ein Eingehen auf denselben, falls er wirklich gestellt werden sollte, eine ungeheuere Verantwortlichkeit auf sich ladet und sich möglicher Weise großen Gefahren und Schwierigkeiten aussetzt. Ob er das wagen will, ist seine Sache, und es würde unter Umständen darüber von Ihnen mit dem Prinzen direct verhandelt werden müssen."

„Der Marschall wünscht aber auch zu gleicher Zeit Eurer Excellenz und des Königs Ansicht darüber zu wissen."

„Was zunächst die meinige betrifft, so muß ich Ihnen aufrichtig sagen, daß ich der in Rede stehenden Combination eine politische Bedeutung kaum beizulegen vermag. Der Prinz Leopold ist ein ritterlicher, ehrenhafter Charakter — würde er je in die Lage kommen, die ihm angebotene Krone Spaniens anzunehmen. So bin ich fest überzeugt, daß er von dem Augenblick an sich mit allen Interessen der spanischen Nation identificiren und daß es sein aufrichtiges Bestreben sein würde, ganz und gar Spanier zu werden. Die Wahl des Prinzen würde kaum auf die Beziehungen zwischen Spanien und Deutschland, — von denen ich ebenso wie der Marschall wünsche, daß sie stets die freundschaftlichsten und besten bleiben mögen — irgend welchen Einfluß üben können. Ich würde also auch kaum in der Lage mich befinden, als preußischer Minister dem Prinzen irgend einen Rath nach der einen oder der andern Seite zu geben —

Wenn ich nun schon," fuhr er fort, „mir eine absolute Zurückhaltung auflegen zu müssen glaube, so scheint es mir, daß Seine Majestät der König, mein allergnädigster Herr, noch mehr einer jeden Einwirkung auf die Entschlüsse des Prinzen sich zu enthalten Veranlassung hat. Seine Majestät ist allerdings der oberste Chef des Gesammthauses Hohenzollern, indeß ist Prinz Leopold nicht preußischer Prinz und mit der königlichen Familie nicht verwandt, in rein persönlichen Angelegenheiten würde also der König zunächst dem Prinzen und dessen Vater die völlig freie Entscheidung überlassen müssen. Wenn

Seine Majestät daher eintretenden Falles keine Veranlassung haben würde, etwaigen Neigungen des Prinzen zur Annahme der ihm anzubietenden spanischen Krone entgegen zu treten, so kann Seine Majestät doch noch viel weniger ihm irgendwie den Rath ertheilen, ein so verantwortungs- und gefahrvolles Unternehmen zu versuchen. Ich finde mich daher nicht im Stande, im gegenwärtigen Augenblicke meinerseits die Sache dem Könige vorzulegen, — würde dieselbe eine festere Gestalt annehmen und an den Prinzen durch eine spanische Autorität herantreten, so würde es immer die Sache des Prinzen selbst und seines Vaters sein, ihre Entschlüsse Seiner Majestät zu unterbreiten und des Königs Meinung darüber einzuholen."

„Eure Excellenz," sagte Herr Salazar-y-Mazarredo, der durch die ruhige und bestimmte Erklärung des Grafen Bismarck ein wenig niedergedrückt zu sein schien, „würden also der Idee des Marschalls persönlich Nichts entgegen zu setzen haben?"

„Wie könnte ich das!" erwiderte Graf Bismarck, — „es kann ja nur, wie ich wiederhole, ehrenvoll für Deutschland und für das Haus Hohenzollern sein, wenn die spanische Nation einen Prinzen dieses Hauses zu ihrem König erwählt. Politische Gründe *dagegen*," fuhr er fort, „kann ich als preußischer Minister ebenso wenig haben, als ich, wie ich ebenfalls bestimmt wiederholen muß, mich irgend wie *dafür* auszusprechen im Stande bin. Doch bin ich," fuhr er fort, „dem Marschall sehr dankbar für das persönliche Vertrauen, welches er mir durch die Mittheilung seiner Idee zu beweisen die Güte gehabt hat."

Er schwieg. Der spanische Deputirte schien das Gespräch nicht für beendet ansehen zu wollen.

„Würden Eure Excellenz die Güte haben," sprach er, „Ihre Ansicht über die Sache — Ihre persönliche Ansicht dem Marschall in Beantwortung seines Schreibens mitzutheilen?"

Graf Bismarck spielte einige Augenblicke nachdenklich mit dem Brief, der vor ihm auf dem Tische lag.

„Ich glaube," sagte er, „daß ich mich deutlich und klar ausgesprochen habe, und Sie werden gewiß die Güte haben, dem Marschall meine Worte zu wiederholen."

„Ich glaube, Eurer Excellenz Erklärung genau und richtig aufgefaßt zu haben," erwiderte Herr Salazar-y-Mazarredo, „doch bin ich überzeugt, daß der Marschall besonderen Werth darauf legen würde, meine Mittheilungen durch ein Antwortschreiben von Eurer Excellenz selbst bestätigt zu sehen."

Abermals dachte Graf Bismarck einige Augenblicke nach.

„Sie werden begreifen," sagte er, „daß eine gewisse Schwierigkeit für mich darin liegt, mich über eine Angelegenheit, welche, wie ich zu bemerken mir erlaubte, nach meiner Auffassung mit der Politik Preußens und Deutschlands Nichts zu thun hat, in einer Weise auszusprechen, welcher bei meiner Stellung doch immerhin eine Art von offizieller Bedeutung beigelegt werden könnte. Jedenfalls müßte ich die Sache nach allen Richtungen hin noch sehr reiflich überlegen, bevor ich den Brief des Marschalls beantworten könnte, und ich muß gestehen, daß ich dringend wünsche, der ganzen Sache so lange vollkommen fern zu bleiben, bis dieselbe etwa eine klar faßbare Gestalt annimmt und auf direct officiellem Wege an mich gelangt. Ich möchte unter diesen Umständen," fügte er artig hinzu, „Sie nicht zu einem längeren Aufenthalt in

Berlin veranlassen und den Marschall bitten, mir zu einer eingehenden Ueberlegung Zeit zu lassen. Ich bin überzeugt, daß der Marschall die Gründe vollkommen verstehen und billigen wird, welche mich bestimmen müssen, meine Antwort noch zurückzuhalten, um so mehr, da bei den Beziehungen persönlichen Vertrauens, in denen Sie, mein Herr, jedenfalls zu ihm stehen, Ihre Mittheilungen ja vollständig die Stelle einer direkten Antwort ersetzen werden."

Er verneigte sich mit einer Miene, welche bestimmt andeutete, daß die
Unterredung zu Ende sei.

Herr Salazar-y-Mazarredo erhob sich, indem auf seinen Zügen eine sichtbare Enttäuschung bemerkbar wurde.

„Ich bitte Sie nochmals," sagte Graf Bismarck, „dem Marschall den Ausdruck meiner Dankbarkeit für sein Vertrauen und die Versicherungen meiner aufrichtigen Hochachtung und Ergebenheit zu überbringen. Ich habe mich herzlich gefreut," fügte er mit verbindlicher Artigkeit hinzu, „bei dieser Gelegenheit Ihre Bekanntschaft gemacht zu haben."

„Eure Excellenz werden Nichts dagegen haben," sagte Herr Salazar-y-Mazarredo, „daß ich Schritte thue, um mich über die persönlichen Ansichten des Prinzen Leopold zu unterrichten."

„Da der persönliche Entschluß des Prinzen, wie ich schon bemerkt habe, in erster Linie in Betracht kommt," sagte Graf Bismarck kalt und ruhig, „so scheint es mir in der Natur der Sache zu liegen, daß Sie nach dieser Richtung hin sich informiren. Uebrigens," fügte er hinzu, „wird es ganz und gar, wie mir scheint, Ihre Aufgabe sein, die Aufträge auszuführen, welche der Marschall Ihnen gewiß auch in dieser Beziehung ertheilt hat."

Herr Salazar-y-Mazarredo verließ mit tiefer Verbeugung das Cabinet.

„Es ist also doch Etwas im Gange," sagte Graf Bismarck, indem er sich wieder vor seinen Schreibtisch setzte, — „aber was kann dieser Sache zu Grunde liegen — warum diese einseitige und vertrauliche Anfrage des Marschall Prim? Fast scheint es, als sollte da Etwas hinter dem Rücken von Serrano und der übrigen Regierung gemacht werden, Prim würde bei seinen besonderen Beziehungen zum Kaiser Napoleon kaum eine solche Sache einfädeln, wenn er nicht glaubte, demselben dadurch angenehm zu werden, — der Prinz von Hohenzollern ist mit dem Kaiser verwandt," sagte er nachsinnend mit leiser Stimme — „die Candidatur des Herzogs von Montpensier muß dem Kaiser tief verhaßt sein, — sie könnte ihm unter Umständen gefährlich werden; — sollte die erneuete Anregung dieser Combination damit zusammenhängen?

„Nun," — rief er nach längerem, schweigendem Nachdenken, — „einmal muß die große Krisis dieser langsam schleichenden Krankheitszustände doch ausbrechen, — und wenn ich sie mit noch so großer Mühe und Vorsicht fortwährend wieder zu beschwören versuche! — Vielleicht wäre es ein Glück, wenn die Entscheidung bald käme," — sagte er ernst, — „wenn sie käme, so lange ich noch in voller Kraft an der Spitze der Geschäfte stehe, — denn wenn in dieser Krisis mit halben Entschlüssen und mit halben Mitteln operirt wird, — dann muß die Zukunft Deutschlands auf lange hinaus, vielleicht auf immer verloren sein. — Ich," rief er flammenden Blickes, indem eine eiserne Energie aus seinen Zügen leuchtete — „ich würde nicht zurückweichen, ich würde die Aufgabe erfassen mit der vollen Kraft, deren sie bedarf, — und — ich fühle es, — ich würde siegen!

„O," sagte er dann schmerzlich, „warum ist die Zukunft unserem Blick verborgen, — warum können wir nicht eine Ecke jenes undurchdringlichen Schleiers lüften, der das Morgen vor unsern Blicken verbirgt?

„Wie viele ringende und kämpfende Geister," sagte er leise, die gefalteten Hände leise vor sich auf den Tisch stützend, „haben vor mir diese brennende Frage an die Vorsehung gerichtet, — wie viele werden sie nach mir aussprechen, um dieselbe Antwort zu erhalten — das ewige Schweigen!

„Und doch," sprach er, den ruhigen klaren Blick aufschlagend, mit einem weichen Lächeln, das seinen festen strengen Zügen einen eigenthümlichen Ausdruck gab, dessen man dieses eherne Gesicht kaum für fähig gehalten hätte, „doch giebt es eine Antwort, die durch lange Jahrhunderte so vielen zweifelnden und bangenden Herzen Frieden, Muth und Zuversicht gebracht hat — einfach, groß und erhaben wie Der, dessen Lippen sie zuerst sich entrang — Herr, nicht mein sondern Dein Wille geschehe!"

Er neigte einen Augenblick das mächtige Haupt auf die Brust, dann erhob er sich, immer mit dem Ausdruck lächelnder Ruhe und Klarheit auf seinen Zügen, nahm seinen Hut, stieg in den großen Garten des auswärtigen Amtes hinab und ging mit großen Schritten unter den hohen noch winterlich kahlen Bäumen in tiefen Gedanken und oft leise Worte vor sich hinsprechend auf und nieder.

Drittes Capitel.

In einem großen Zimmer des Hotels zur Sonne in St. Dizier waren dreißig bis vierzig von den hannöverschen Emigranten versammelt, theils ganz junge Männer, theils ältere Leute, deren Mienen und Haltung man die gedienten Militairs ansah. Sie Alle standen in Reihen an der einen Seite des Zimmers und blickten ernst und finster nach dem Tisch hin, an welchem der Major von Adelebsen, der Ordonnanzofficier des Königs Georg, saß und auf welchem Actenpackete und eine Anzahl von Bankbillets und Goldrollen lagen.

Neben dem Major von Adelebsen saß der frühere Lieutenant de Pottere, ein junger Mann mit dichtem, sorgfältig frisirtem Haar, welches tief in die auffallend niedrige Stirn herabreichte, mit großen, etwas starr blickenden Augen und einem starken blonden Schnurrbart auf der Oberlippe des Mundes, um welchen ein gleichgültig stereotypes Lächeln spielte.

Der Lieutenant de Pottere hatte eine Namensliste der Emigranten vor sich und hielt eine Feder in der Hand bereit, die Proceduren des Majors von Adelebsen zu protocolliren.

„Unterofficier Rühlberg!" rief Herr von Adelebsen, indem er den etwas unsicheren Blick seines Auges über die Emigranten hingleiten ließ.

In militairischer Haltung trat der Unterofficier an den Tisch heran.

„Ich habe Sie nunmehr aufzufordern," sagte Herr von Adelebsen, „zur Erklärung darüber, was Sie über Ihre Zukunft beschlossen haben. Ich mache Sie darauf aufmerksam, daß Sie die Ihnen zustehende Pension von Seiner Majestät erhalten können oder aber eine einmalige Abfindungssumme, wenn Sie das vorziehen. Geben Sie mir

Ihre Erklärung, wohin Sie nachher zu gehen beabsichtigen."

„Ich bitte, mich ein für allemal abzufinden, Herr Major," erwiderte der Unterofficier, „ich will mit einer Anzahl meiner Kameraden nach Algier gehen, um dort unser Glück in einer Colonie zu versuchen."

„Sie wollen nach Algier gehen?" fragte Herr von Adelebsen ein wenig befremdet, „Sie wissen doch, daß Seine Majestät eine Niederlassung in Algier nicht für zweckmäßig erachten können, und daß Allerhöchstdieselben befohlen haben, den Legionairen von einer Auswanderung nach Algier abzurathen."

„Zu Befehl, Herr Major," erwiderte der Unterofficier, „Herr Minister von Münchhausen hat uns das auseinandergesetzt und uns dabei zugleich gerathen, nach Hannover zurückzukehren, und," fügte er mit einer gewissen Bitterkeit hinzu, „die Strafe, die man uns vielleicht dictiren würde, ruhig abzusitzen. Ich bin ganz überzeugt," fuhr er fort, „daß Seine Majestät die besten Absichten mit uns hat, und daß Er nach den Berichten, die man ihm erstattet hat, überzeugt ist, daß eine Colonie in Algier uns keinen Vortheil bringen könne. Aber ich muß Ihnen sagen, Herr Major, daß ich durchaus keine Lust habe, nach der Heimath zurückzukehren, um mich dort einsperren zu lassen. Wenn Seine Majestät uns eine Amnestie würde verschaffen können, so wäre es etwas Anderes. Unter diesen Umständen muß ich aber dabei bleiben zu versuchen, meine Zukunft auf meine eigene Kraft zu gründen; und ich bleibe daher bei meiner Erklärung, daß ich nach Algier gehen will und bei meiner Bitte, mir die Abfindungssumme auszuzahlen."

„Wenn aber doch Seine Majestät," sagte der Lieutenant de Pottere mit einer etwas näselnden Stimme, „eine solche

Colonie nicht für zweckmäßig hält —"

„Der Herr Major," fiel der Unteroffizier ein, „haben uns gesagt, daß wir die völlig freie Entschließung hätten, unsere Zukunft einzurichten, wie wir wollten. Ich habe mir die Sache reiflich überlegt und bleibe dabei, daß ich nach Algier gehen will. Vorzüglich," fuhr er fort, „möchte ich ein für allemal abgefunden sein, wohin ich mich dann wende, kann und wird ja übrigens Seiner Majestät ganz gleichgültig sein."

„Es ist Seiner Majestät gewiß nicht gleichgültig," sagte Herr von
Adelebsen mit sanfter Stimme, „wie sich die Zukunft seiner früheren
Soldaten gestaltet, und deshalb —"

„Darf ich bitten, Herr Major," fiel der Unterofficier, sich in strammer Haltung aufrichtend, ein, „meine Erklärung zu Protocoll nehmen zu lassen? Mein Entschluß steht unwiderruflich fest."

Herr von Adelebsen gab dem Lieutenant de Pottere einen Wink. Dieser schrieb die Erklärung des Unterofficiers nieder und der Major zählte die Abfindungssumme in Banknoten und Zwanzigfrankstücken ab und händigte sie dem Unterofficier ein, der mit vorsichtiger Sorgfalt seinen Namen unter die ihm vorgelegte Quittung setzte und dann zu den Uebrigen zurücktrat.

„Dragoner Cappei!" rief Herr von Adelebsen.

Der junge Mann trat heran.

„Ihre Erklärung?" fragte Herr von Adelebsen.

„Ich wünsche, nach Hannover zurück zu gehen," sagte

Cappei.

„Sie sind militairpflichtig gewesen," sagte Herr von Adelebsen. „Haben Sie es sich überlegt, daß man Sie vielleicht bestrafen und in die preußische Armee einstellen wird? Es läge vielleicht, wenn Sie sich dieser Gefahr nicht aussetzen wollen, in Ihrem Interesse, wie sich viele andere Ihrer Kameraden bereits entschlossen haben, nach Amerika zu gehen —"

„Ich danke, Herr Major," erwiderte Cappei ruhig, „ich bin entschlossen, zu tragen, was mir in Hannover widerfahren wird, und will in die Heimath und zu meiner Familie zurückkehren."

Er empfing die ihm zukommende Summe Geldes, der Lieutenant de Pottere protocollirte seine Erklärung und Cappei trat zurück.

Einer nach dem Andern aus der Reihe der Emigranten wurde aufgerufen,
Zwei oder Drei erklärten, daß sie nach Amerika gehen wollten, alle
Uebrigen sprachen den Entschluß aus, mit dem Unterofficier Rühlberg
nach Algier auszuwandern.

„Ich muß Sie Alle nochmals darauf aufmerksam machen," sagte Herr von Adelebsen, „daß, wie ich bereits dem Unterofficier bemerkt habe, Seine Majestät nicht glauben könne, daß Sie in Algier Ihre künftige Wohlfahrt finden. Sie werden dort in einem fremden Lande ohne Hülfsmittel und ohne Unterstützung sein und es vielleicht bereuen, daß Sie sich zu einem solchen Entschluß haben beeinflussen lassen."

„Niemand hat uns beeinflußt!" riefen Mehrere der

Emigranten. „Wir haben selbst schon lange ehe unsere Officiere mit uns über die Colonie gesprochen haben, den Gedanken gefaßt, wenn der König uns nicht mehr erhalten könnte, uns in Algier eine Zukunft zu gründen."

„Ich muß aber ausdrücklich bemerken," sagte Herr von Adelebsen, „daß Seine Majestät mir befohlen haben, ganz bestimmt zu erklären, daß Diejenigen, welche nach Algier gehen, niemals auf irgend eine Unterstützung von seiner Seite zu rechnen haben. Bedenken Sie, was es heißt, in einem ganz fremden Lande unter unbekannten Verhältnissen sich eine Existenz zu gründen."

„Wir werden im fremden Lande," rief der Unterofficier Rühlberg, einen Schritt vortretend, „immer noch Menschen finden, die uns mit Rath und That beistehen und Gefühl für Leute haben, welche ihrem König im Unglück treu geblieben sind, — wir haben freilich nicht geglaubt, daß es so kommen würde, denn dann würden wir wohl kaum die Heimath verlassen haben, und was die Bemerkung betrifft, die der Herr Major so eben gemacht haben, so können Sie ganz ruhig sein, Niemand von uns wird künftig die Unterstützung der Kasse Seiner Majestät in Anspruch nehmen. Jedenfalls werden wir immer noch besser in Algier daran sein, wo uns wenigstens die französische Regierung freundlich entgegenkommt, als wenn wir über das weite Meer nach Amerika hinzögen, wo wir ohne alle Hülfe sterben und verderben können."

„In Amerika wären wir freilich weiter fort," rief eine Stimme aus den
Reihen, „und wenn wir Alle dort wären, so wäre man doch sicher, daß
Niemand von uns der königlichen Kasse zur Last fällt."

Der Major warf einen schnellen Blick von unten herauf nach

der Gegend, woher diese Stimme erschallt war. Der Lieutenant de Pottere drehte seinen Schnurrbart und sagte:

„Sie müssen ruhig sein und nicht durcheinander sprechen."

„Ich glaube, wir sind abgefunden," rief es aus den Reihen, „und haben hier nichts mehr zu thun, gehen wir."

Und sich kurz umwendend, verließen sie Alle das Zimmer, indem sie den
Refrain des alten hannöverschen Soldatenliedes anstimmten:

„Lustige Hannoveraner seien wir."

Herr von Adelebsen und der Lieutenant de Pottere packten die Papiere und das übrig gebliebene Geld zusammen und zogen sich stillschweigend in ihre Zimmer zurück.

„Nun Cappei," sagte der Unterofficier Rühlberg zu dem jungen Dragoner, welcher schweigend und gedankenvoll mit den Uebrigen die Treppe hinabstieg, „wollt Ihr Euch nicht noch eines Bessern besinnen und mit uns nach Algier gehen. Denkt doch, wie schön es ist, wenn wir Alle zusammen bleiben und unser Dorf nach althannöverscher Manier einrichten, da können wir es doch noch zu Etwas bringen, ein freies und selbstständiges Leben führen und an die alte Heimath zurückdenken, wie sie früher war."

„Es thut mir leid, Euch zu verlassen," sagte Cappei, — „aber unsere Sache ist zu Ende, das alte Hannover ist für immer versunken. Was hilft es dem Einzelnen, gegen den Weltlauf anzukämpfen — ich liebe meine Heimath, und die Heimath bleibt ja doch dieselbe, mag nun dieser oder jener König, dieses oder jenes Gesetz herrschen."

„Nun, geht hin," sagte der Unterofficier, „Ihr werdet es noch bereuen, aber Verliebten ist keine Vernunft zu predigen. Ihr kommt doch heute Abend noch zu uns, wir wollen noch einmal lustig zusammen sein; in dieser Nacht noch wollen wir nach Marseilles reisen, um uns nach Algier einzuschiffen. Wir haben unsere Empfehlung an den Präfecten dort, und das Comité, welches unsere Officiere in Paris bilden, wird dafür sorgen, daß wir von dort aus gut empfohlen werden. Tüchtige und rechtliche Leute, die arbeiten können, kann man überall brauchen, und wir werden unsern Weg schon machen."

Die Emigranten zogen über den Marktplatz von St. Dizier, von den ihnen begegnenden Bürgern freundlich begrüßt, nach dem Restaurant hin, in welchem sie sich gewöhnlich zu versammeln pflegten.

Der junge Cappei trennte sich an der Ecke des Marktplatzes von ihnen und schritt langsam dem Hause des Holzhändlers Challier zu. Er ging über den großen Hof und trat durch den Flur in das Wohnzimmer des Hauses, in welchem er so lange als ein freundlich empfangener Gast aus- und eingegangen war, und von welchem er sich nun trennen sollte, um den Kampf mit einer ungewissen Zukunft aufzunehmen.

Der alte Herr Challier saß allein in seinem Lehnstuhl, die so eben ausgegebene Zeitung des kleinen Orts lesend. Er legte bei dem Eintritt des jungen Mannes das Blatt aus der Hand, erhob sich und trat ihm mit herzlichem Gruß entgegen.

„Alles ist abgemacht, Herr Challier," sagte Cappei in ziemlich reinem, aber im deutschen Accent anklingenden Französisch, „die Legion ist aufgelöst, wir sind Alle frei und können hingehen, wohin wir wollen. Und alle diese Kameraden, die nun drei Jahre lang Freud und Leid mit einander getheilt haben, werden sich wohl schwerlich jemals wieder zusammenfinden."

„Das ist recht traurig," sagte der alte Herr Challier, langsam den Kopf schüttelnd. „So ist also die Sache Ihres Königs aufgegeben, — das thut mir aufrichtig leid, denn ich habe immer so viel Sympathie für sein Schicksal und für Sie Alle gehabt; und wir Bürger von St. Dizier nehmen gewiß ganz besondern Antheil an Allem, was den König betrifft, seit er unserer Stadt die Ehre erzeigt hat, der Pathe des Kindes eines unserer Mitbürger zu sein. Ich bin ein alter Bragars," sagte er, indem seine dunklen Augen in lebhaftem Feuer aufleuchteten, „und ich hätte mich von Herzen gefreut, wenn ich Sie hätte ausziehen sehen können, um für Ihren König und sein Recht zu fechten, — das Schicksal geht seinen eigenen Weg, — es hat nicht sein sollen. Wir verlieren alle liebe Freunde mit ihnen," fuhr er fort, „und mir wird es in meinem Hause recht leer vorkommen, wenn ich Sie nicht mehr sehe. Haben Sie Ihren Entschluß fest gehalten," fragte er, „nach Ihrem Vaterlande zurückzukehren? — Ich würde mich kaum dazu entschließen können," sagte er, „wenn ich mich in Ihre Lage denke, in einem Lande zu leben, in welchem eine fremde Herrschaft alle Erinnerungen an eine ruhmvolle Vergangenheit begraben hat."

Ernst erwiderte der junge Mann:

„Es liegt fast ein Vorwurf in Ihren Worten für mich, Herr Challier, und doch kann ich nicht anders handeln. — Sie sind Franzose und wenn es möglich wäre, daß Ihr Vaterland ein Schicksal träfe wie das meinige, so würde Ihr Gefühl natürlich sein. Bei mir, da ist es etwas Anderes, Hannover ist ein kleines Land, ein kleiner Theil jenes großen Deutschlands, das ja doch das gemeinsame Vaterland für uns Alle ist. Wir Hannoveraner lieben unsere Eigenart und Selbständigkeit, wir haben mit fester Treue an den Fürsten gehangen, die so lange über uns geherrscht haben. Wir beklagen und empfinden tief den Verlust unserer

Selbstständigkeit, aber wir sind doch immer nur ein Glied des Ganzen, — die neue Regierung, welche über uns herrscht, ist ja auch eine deutsche, und Deutsche bleiben wir auch unter den neuen Verhältnissen. Sollen wir uns darum von dem großen ganzen Vaterlande ausschließen, weil wir nicht weiter leben können, wie wir es bisher gewohnt waren? Für das Recht unseres Königs konnten wir kämpfen, wenn der König aber dies Recht aufgiebt, wie könnten wir in ungewöhnlichem Haß den andern Deutschen gegenüber stehen! Uebrigens," fuhr er fort, „werde ich vielleicht nicht immer in meiner Heimath bleiben, nachdem ich meine Verhältnisse dort geordnet und meine Stellung klar gemacht habe, — und darüber," fügte er etwas zögernd hinzu, „möchte ich mit Ihnen, Herr Challier, bevor ich scheide, noch ein ernstes Wort sprechen. Sie haben mich mit väterlicher Güte aufgenommen, ich will Ihnen klar und ohne Rückhalt meine Gedanken über die Zukunft mittheilen. Billigen Sie dieselben nicht," sagte er seufzend, „so werde ich meine Pläne ändern und Hoffnungen aufgeben, welche mir die liebsten und schönsten sind."

Herr Challier blickte ihn ein wenig erstaunt an und sagte im herzlichen
Ton:

„Sie wissen, mein junger Freund, daß mein Rath und meine Erfahrung, wenn ich Ihnen mit denselben nützen kann, Ihnen stets zu Gebote stehen."

Er setzte sich in seinen Lehnstuhl und lud den jungen Mann ein, in einem
Sessel neben ihm Platz zu nehmen. Dieser jedoch blieb vor dem alten
Herrn stehen, senkte einen Augenblick nachdenkend den Kopf, wie um seine
Gedanken zu ordnen, und sprach dann mit bewegter

Stimme:

„Sie haben mich kennen gelernt, Herr Challier, als heimathlosen Flüchtling, und dennoch haben Sie mir freundlich Ihr Haus geöffnet. Sie haben mich in den Kreis Ihrer Familie aufgenommen und ich darf annehmen, daß Sie Vertrauen zu mir haben, obgleich Sie nie vorher Etwas von mir gehört, obgleich Sie nicht wissen, woher ich stamme und welches meine Vergangenheit war."

„Ich habe Ihnen vertraut," erwiderte Herr Challier, „weil Sie hergekommen sind als der Diener eines edlen und unglücklichen Fürsten. Man dient dem Unglück nicht, wenn man nicht ein edles und treues Herz hat, darum habe ich Sie aufgenommen, wie man einen braven und rechtschaffenen Mann aufnimmt, und," fügte er mit der den Franzosen so eigentümlichen Höflichkeit des Herzens hinzu, „ich habe mich in meinem Urtheil und meinem Vertrauen nicht getäuscht, denn nun Sie uns verlassen, fühle ich, daß ein Freund von uns scheidet."

„Ich gehe in mein Vaterland zurück," erwiderte Cappei, „um so bald es mir möglich ist, wieder vor Sie hintreten zu können, nicht mehr als der heimathlose Unbekannte, sondern als ein Mann, der Ihnen nachweisen kann, woher er stammt, was er war und was er ist, als ein Mann, der einen, wenn auch kleinen, aber sichern Besitz hat, und der es darum wagen kann, Ihnen eine Bitte auszusprechen, von der sein ganzes Lebensglück abhängt, — die Bitte," fügte er mit zitternder Stimme hinzu, „mir das Schicksal Ihrer Tochter Luise anzuvertrauen, welche ich liebe mit aller Wärme und Treue, die das Erbtheil unseres Stammes sind — deren Glück ich alle Kraft meines Lebens widmen werde und ohne welche meine Zukunft öde und freudlos sein würde."

Der alte Herr Challier hatte ruhig und ernst zugehört. Sein

Auge ruhte einen Augenblick mit liebevoller Theilnahme auf dem jungen Mann; dann sprach er mit milder freundlicher Stimme:

„Ich habe Ihnen gesagt, Herr Cappei, daß ich volles Vertrauen zu Ihnen habe, daß ich Sie für einen Ehrenmann halte, — daraus folgt, daß ich, was Ihre Person betrifft, keine Bedenken trage, Ihnen das Glück meiner Tochter anzuvertrauen, — ich bin nicht reich," fuhr er fort, „aber ich habe nur die einzige Tochter und besitze genug, um ihr, auch wenn die Wahl ihres Herzens auf einen armen Mann fällt, eine sichere Existenz begründen zu können. Ob Sie Vermögen besitzen oder nicht, ist deshalb nicht entscheidend für die Beantwortung Ihrer Frage, aber," fuhr er fort, „die Grundlage einer sorgenfreien Existenz für die Zukunft meiner Tochter liegt in dem Geschäft, das ich hier betreibe. Würde ich es verkaufen, so würde der Kaufpreis in Geld nicht den Werth repräsentiren, den es in der Hand eines geschickten und fleißigen Mannes hat. Deshalb habe ich stets den Wunsch gehegt, daß der Mann, den meine Tochter einst sich zum Gefährten ihres Lebens erwählt, mein Geschäft fortsetzt. Ich fühle es vollkommen," fuhr er fort, „was es heißt, sein Vaterland zu verlassen, — aber in Ihrer Heimath sind die Verhältnisse so verändert, und die jetzigen Zustände können Ihnen so wenig erfreulich sein, daß es vielleicht Ihren eigenen Wünschen entsprechen könnte, hierher zurück zu kommen. Haben doch auch viele meiner Landsleute Frankreich verlassen und in Deutschland eine neue Heimath gefunden, warum sollten Sie nicht in unserer Mitte auch Ihre künftige Heimath begründen können? Könnten Sie diesen meinen sehnlichsten Herzenswunsch erfüllen, so würde ich kein Bedenken hegen, die Zukunft meines Kindes Ihnen anzuvertrauen, vorausgesetzt, daß meine Tochter die Gefühle theilt, welche Sie für sie hegen, — worüber Sie," fügte er lächelnd hinzu,

„vielleicht ein wenig unterrichtet sind."

„Ich glaube," sagte Cappei mit leiser Stimme, „daß Fräulein Luise mir nicht abgeneigt ist —"

Die Thür öffnete sich, die Tochter des Herrn Challier trat ein. Sie hatte eine Freundin besucht und trug einen einfachen kleinen Hut, mit Rosenknospen garnirt, und ein leichtes Tuch um die Schultern. Ihr frisches Gesicht war vom Gang leicht geröthet, ihre glänzenden Augen richteten sich einen Augenblick wie fragend auf ihren Vater und auf den jungen Hannoveraner. Sie eilte auf den alten Herrn zu, bot ihm mit anmuthiger Bewegung ihre Wange zum Kuß dar und reichte dann Cappei mit freundlichem Gruß die Hand.

„Du kommst eben recht," sagte Herr Challier, „um eine Frage zu beantworten, welche ich soeben an unsern jungen Freund hier richtete, und über welche er sich ganz klar auszusprechen zu scheuen schien."

Luise blickte zuerst verwundert auf, ihr Auge suchte das ihres Geliebten, — sie schien zu verstehen, um was es sich handelte, und senkte tief erröthend den Kopf auf die Brust nieder.

„Herr Cappei," sagte der alte Herr, „hat mir soeben mitgetheilt, daß er, wenn seine Angelegenheiten in seiner Heimath geordnet sein werden, zu uns zurückkommen will, um Dir seine Hand anzutragen, nachdem Du, wie es scheint, bereits in dem Besitz seines Herzens bist. Ich habe die Entscheidung darüber von Deiner Entschließung abhängig gemacht, — was würdest Du sagen, wenn unser junger Freund hier seinen Antrag nunmehr auch an Dich richtetet?"

Einen Augenblick blieb das junge Mädchen mit gesenktem Kopf stehen, ein flüchtiger, halb scheuer, halb vertrauensvoller Blick traf den jungen Mann, dann richtete sie sich empor, trat mit festem Schritt an die Seite des jungen Mannes und sprach:

„Ich bin eine Tochter der Bragars von St. Dizier, mein Vater, ich verstehe nicht, meine Gefühle zu verbergen, — mögen Andere es für schicklich halten, zu verhüllen, was ihr Herz bewegt, — ich sage offen, was ich empfinde, — ich liebe ihn," fuhr sie mit strahlenden Blicken fort, „mein Herz gehört ihm und wird ihm ewig gehören. Und Du, mein Vater, weißt, daß ich meine Liebe keinem Unwürdigen schenke."

Der Alte blickte mit stolzer Freude auf seine Tochter.

„Brav, mein Kind," sagte er, „das ist recht und tapfer gesprochen, und ebenso offen will ich Dir ohne Umschweife antworten. Ich gebe dem Bunde Eurer Herzen mit Freuden meinen Segen."

Cappei breitete die Arme aus, das junge Mädchen sank an seine Brust und er drückte seine Lippen auf ihr glänzendes Haar.

„Gehen Sie nach Ihrer Heimath zurück, ordnen Sie Ihre Angelegenheiten und," fügte er hinzu, „kommen Sie bald zurück, — ich verlange nicht als unerläßliche Bedingung, daß Sie Ihre künftige Heimath hier in unserm Frankreich wählen; ein Mann muß am besten wissen, was er zu thun hat, und ein Weib muß dem Manne ihres Herzens folgen. Ich muß es mir ja gefallen lassen, mein Kind von mir gehen zu sehen, — das ist der Lauf der Natur, aber," fuhr er fort, indem seine Lippen bebten und seine Stimme leicht zitterte, „Sie kennen den Wunsch meines Herzens, Sie wissen, wie glücklich es mich machen würde, zu denken, daß mein Kind einst an meinem Sterbebette stehen wird, und daß ich ihr und meinen Enkeln das alte Haus überlassen kann, in welchem so viele meiner Vorfahren seit einer Reihe von Generationen gelebt haben."

Luise sagte Nichts, langsam hob sie den Kopf von der Brust ihres
Geliebten empor und sah den jungen Mann mit ihren großen glänzenden
Augen fragend und bittend an.

„Ich kehre zurück," sagte dieser rasch mit entschlossenem Ton, „um meine Heimath da zu begründen, wo ich das Glück meines Herzens gefunden habe. Ich würde wahrlich lieber garnicht fortgehen, aber ich muß in die Heimath, um meine Angelegenheiten zu ordnen, und mein kleines Vermögen zu sichern. Denn," fügte er mit fester Stimme hinzu, „nicht dem heimathlosen Bettler soll Ihre Tochter ihre Hand reichen."

Ein glückliches Lächeln erhellte das Gesicht des alten Herrn, er streckte seine beiden Hände aus, — die jungen Leute ergriffen sie und beugten sich zärtlich zu ihm herab.

Einen Augenblick blieben alle Drei in inniger Umarmung, sie hörten nicht, daß die Thüre sich öffnete, und erst der Ton rascher Schritte ließ sie aufblicken.

Herr Vergier war eingetreten, — starr und bleich stand er in der Mitte des Zimmers, seine Lippen bebten, seine scharfen, stechenden Augen blickten mit unheimlich spähendem Feuer auf die Gruppe vor ihm.

Die beiden jungen Leute waren zur Seite getreten, der alte Herr erhob sich, ging Herrn Vergier entgegen und sprach, indem er ihn mit kräftigem Händedruck begrüßte:

„Sie sind ein alter Freund meines Hauses, und als solchen will ich Ihnen vor allen Andern zuerst sagen, welches für meine Familie so wichtige Ereigniß hier so eben sich vollzogen hat."

Er theilte mit kurzen Worten Herrn Vergier, dessen blitzende Augen mit höhnischen, feindlichen Blicken auf den beiden jungen Leuten ruhten, welche Hand in Hand hinter ihrem Vater standen, die Verlobung seiner Tochter mit.

„Sie wissen," sagte Herr Vergier, als der Alte geendet, mit zitternder, rauh klingender Stimme, indem seine Gesichtszüge vor heftiger Aufregung zuckten, „wie tiefen Antheil ich an Allem nehme, was Ihr Haus betrifft, — aber die Gefühle, welche mich bei der Mittheilung erfüllen, die Sie mir so eben gemacht, können nicht erfreulich sein," fügte er mit bitterm Ton hinzu. „Ich hatte Hoffnungen gehegt, welche durch das, was Sie mir sagen, auf immer zerstört worden sind. Fräulein Luise," fuhr er mit brennendem Blick fort, „kannte diese Hoffnungen, sie hat mir dieselben bisher nicht genommen. Sie hatte ein Jahr verlangt, um mir eine bestimmte Antwort zu geben, und nun sehe ich, daß sie nur eine so kurze Frist gebraucht hat, um sich über die Wahl ihres Herzens zu entscheiden."

Mühsam nach Fassung ringend, stützte er sich auf die Lehne eines Stuhls.

Luise sah ihn mit einem weichen Blick aus ihren offenen klaren Augen an.
Rasch trat sie zu ihm und reichte ihm die Hand.

„Niemand ist Herr der Gefühle seines Herzens," sagte sie — „Sie waren der Freund meiner Kindheit, bleiben Sie mein

Freund für mein künftiges Leben und verzeihen Sie mir, wenn ich die Gefühle nicht erwidern konnte, die Sie mir entgegen trugen, — Sie werden das vergessen," fügte sie freundlich hinzu, — „Sie werden gewiß, wie ich es Ihnen von ganzem Herzen wünsche, bei einer andern Wahl mehr Glück finden, als ich Ihnen hätte bieten können."

Herr Vergier hatte nur zögernd die Hand des jungen Mädchens einen
Augenblick ergriffen.

„Es ist nicht nur der Schmerz um den Verlust meiner Liebe," sagte er mit einer noch immer vor Aufregung halb erstickten und unsichern Stimme, „welche mich bewegt, aber ich bin Franzose, und es schneidet mir in's Herz, daß ich die Tochter meines Freundes, deren Glück mir theuer ist, wie mein eigenes, sich ihrem Vaterlande entfremden sehe. Der Krieg mit diesem Preußen, das drohend an unsern Grenzen steht, ist nur eine Frage der Zeit. Er wird vorbereitet von beiden Seiten, er muß kommen, Jedermann in Frankreich fühlt das, man hat schon mehrfach deutsche Spione bei uns entdeckt. Und schon sind Stimmen laut geworden," fuhr er immer eifriger fort, indem sein Gesicht vor Aufregung zuckte, und seine Blicke sich wie Dolchspitzen auf den jungen Emigranten richteten — „schon sind Stimmen laut geworden, welche behaupten wollen, daß diese hannöversche Legion, welche so plötzlich auseinandergeht, nur der Deckmantel gewesen sei, um genaue Kundschaft über die inneren Verhältnisse unseres Landes zu erhalten. — Und wenn ich denken sollte," rief er, seiner nicht mehr mächtig, indem ein leichter Schaum auf seine Lippen trat, — „daß meine Geliebte ein Werkzeug werden sollte in der Hand eines Feindes Frankreichs — —"

Eine helle Zornröthe flammte aus dem Gesicht des jungen Hannoveraners auf, mit einem raschen Schritt trat er zu

Herrn Vergier hin, mit einer drohenden Bewegung erhob er die Hand —

Luise warf sich ihm entgegen; bittend faltete sie die Hände, ihre Augen richteten sich mit magnetischer Gewalt auf ihren Geliebten.

Dieser ließ langsam den Arm sinken, der Ausdruck seines Gesichts wurde ruhig, beinahe sanft und milde.

„Ich habe Ihnen, ohne es zu wollen, wehe gethan, mein Herr," sagte er, „ich bin störend eingetreten in die Hoffnungen Ihres Herzens, ich verstehe Ihren Schmerz und Ihre Aufregung, — ich muß Ihnen viel vergeben, — aber Worte, wie Sie so eben ausgesprochen, sollte niemals ein Mann von Ehre einem Andern sagen. Ich bin nach Frankreich gekommen," fuhr er fort, „im Dienst meines Königs und als ein Feind jener Macht, welche wie Sie glauben, mit Ihrem Vaterland in Kampf treten soll. Dies allein sollte mich vor einem so elenden und niedrigen Verdacht schützen, wie Sie ihn gegen mich ausgesprochen, aber ich glaube, Herr Challier und Fräulein Luise kennen mich genug, und auch Sie sollten mich genug kennen, um zu glauben, daß auch wenn ich nicht als Hannoveraner und als Legionair des Königs Georg hergekommen wäre, ich doch unfähig sein würde, in solcher Weise Vertrauen und Gastfreundschaft zu täuschen. Wenn Sie ruhig darüber nachdenken, werden Sie mir Gerechtigkeit widerfahren lassen und," fügte er mit offener Herzlichkeit hinzu, „ich hoffe, Sie werden vergessen, was ich Ihnen, ohne es zu wollen, Böses gethan und dahin kommen, die Freundschaft, welche Sie für Herrn Challier und seine Tochter gehegt, auch mir zu schenken; seien Sie überzeugt, daß ich Alles thun werde, um mich derselben würdig zu machen."

Luise dankte mit einem innigen Blick ihrem Geliebten für

seine Worte.

Herr Vergier hatte mit gewaltiger Anstrengung seine tiefe Aufregung bemeistert. Er zwang seine zuckenden Lippen zu einem freundlichen Lächeln, er schlug seine Augen nieder und reichte Cappei die Hand.

„Verzeihen Sie mir," sagte er mit tonloser Stimme, indem seine Worte nur einzeln und abgebrochen hervordrangen, „verzeihen Sie mir meine kränkende Aeußerung. Mein augenblickliches Gefühl riß mich hin, — ich bin Franzose und mißtrauisch gegen alle Fremden. Ich will die Vergangenheit und die Täuschung meiner Hoffnungen zu vergessen suchen; vielleicht wird die Zeit uns in Freundschaft zusammenführen."

Cappei ergriff Herrn Vergiers dargebotene Hand.

Diese Hand war feucht und kalt wie Eis, sie erwiderte den Druck des
Hannoveraners nicht und erschrocken ließ dieser sie wieder los.

„Erlauben Sie, daß ich mich zurückziehe," sagte Herr Vergier, „ich passe in diesem Augenblick nicht in Ihre Gesellschaft."

Und mit einer flüchtigen Verbeugung sich empfehlend, eilte er hinaus.

„Der Arme thut mir leid," sagte der alte Herr Challier, ihm nachblickend, „er ist eine so heftige, leicht erregbare Natur, er wird sehr leiden —"

„Ich hätte ihn doch nicht lieben können," sagte Luise, indem sie mit leichtem Kopfschütteln vor sich niederblickte. „Wenn mein Herz nicht gesprochen hätte," fügte sie, ihrem

Geliebten die Hand reichend, hinzu, „wenn ich ihm vielleicht ohne Liebe meine Hand gegeben hätte, so wären wir Beide unglücklich geworden." —

Lange noch saßen die beiden jungen Leute beisammen. Freundlich hörte der alte Herr ihr Geplauder und ihre Pläne für die Zukunft an. Es wurde beschlossen, daß der junge Cappei schon am nächsten Morgen abreisen sollte. —

Luise erhob keine Einwendungen gegen diesen Beschluß.

„Je schneller er fortgeht," sagte sie lächelnd, „um so schneller wird er wiederkehren, und um so schneller werden wir zu einem ruhigen und dauernden Glück kommen, das dann Nichts mehr stören wird." — —

Am späten Abend brach der junge Mann auf, um noch einmal seine Landsleute, welche um Mitternacht abreisen wollten, zu sehen und mit ihnen die letzten Augenblicke zu verleben.

Sinnend und gedankenvoll schritt er durch die lange Hauptstraße der Stadt nach dem Marktplatz hin. An der Ecke desselben befand sich der Restaurant, in dessen Saal die Legionaire versammelt waren. Die Hannoveraner saßen hier um einen großen Tisch — zahlreiche Freunde aus der Stadt waren bei ihnen, um die letzten Augenblicke mit den ihnen lieb gewordenen Gästen zu verbringen, die so lange unter ihnen geweilt hatten.

Auf dem Tische stand eine große Punschbowle, welcher jedoch heute nur sehr mäßig zugesprochen wurde, — alle Gesichter waren ernst und oft stockte die Unterhaltung. Alle diese einfachen Leute, welche die großen Erschütterungen der Zeit hier im fremden Lande zusammengeführt hatten, fühlten, daß heute die Vergangenheit, welche sie in liebevoller Erinnerung im Herzen trugen, für immer abgeschlossen werde, daß das letzte Band, welches sie hier in der gemeinsamen Verbannung mit der alten Heimath und Allem, was sie Liebes in sich schloß, noch verband, nun für immer zerriß und daß sie nun als Fremde allein und vereinsamt hinaustreten müßten in ein schweres feindliches Leben, um auf ihre eigene Kraft die Zukunft zu erbauen in mühevoller Arbeit.

Der junge Cappei trat ein. — Traurig überblickte er diese Versammlung seiner Kameraden, welche so oft hier heiter und fröhlich beisammen gewesen waren und welche nun auseinander gehen sollten, um sich schwerlich jemals in dieser Welt vereinigt wieder zu begegnen.

Er setzte sich schweigend neben den Unterofficier Rühlberg.

„Was könntet Ihr Euch für eine schöne Zukunft machen," sagte dieser, indem er dem jungen Manne ein Glas Punsch reichte, — „wenn Ihr mit uns gingt, — Ihr seid noch jung und kräftig, — geschickt zu aller Arbeit und habt mehr gelernt, als wir Alle, — Ihr würdet ein schönes Vermögen in Algier erwerben, — das Euch hundertmal den kleinen Hof daheim ersetzen würde, — von dem Ihr noch gar nicht einmal wißt, ob Ihr ihn erhaltet, — ich sage Euch noch einmal, — geht mit uns, — laßt die Phantasie im Stich, die Ihr Euch in den Kopf gesetzt habt, — es hat noch nie zu etwas Gutem geführt, wenn junge Leute von der Liebe sich den Kopf verdrehen lassen."

„Ich bitte Euch, Rühlberg," sagte Cappei sanft aber bestimmt — „laßt mich, — mein Entschluß ist gefaßt, — versprecht mir," fuhr er abbrechend fort, „Nachricht zu geben, wie es Euch und den Andern geht — ich muß Euch sagen, daß ich nicht viel Vertrauen zu Eurem Unternehmen habe, — hätte der *König* die Sache gemacht durch einen

Vertrag mit der französischen Regierung, so wäre es etwas
Anderes gewesen, — aber so, — Ihr werdet vielleicht später
einsehen, daß es besser gewesen wäre, gleich nach der
Heimath zurückzukehren. — Doch Jeder hat seinen
Entschluß gefaßt und muß ihm folgen."

Er wendete sich zu seinem Nachbar auf der anderen Seite.

Es verging noch eine halbe Stunde, — dann zog der
Unterofficier die Uhr und sagte tief aufathmend:

„Es ist Zeit, Leute, — wir müssen aufbrechen!"

Alle erhoben sich.

Rühlberg ergriff sein Glas.

„Wir sind heute zum letzten Male beisammen," sprach er mit
etwas unsicher klingender Stimme, — „und wir wollen auch
dies letzte Mal von der alten Sitte hannöverscher Soldaten
nicht abweichen, — ein Glas auf das Wohl unseres Königs
zu leeren. Sonst haben wir das mit lautem Hurrah gethan,
— das wird uns heute nicht mehr frei aus der Brust
herauskommen, heute ist unsere Vergangenheit, unsere alte
Heimath, unser König für uns gestorben — leeren wir ein
stilles Glas zum Andenken an unsern Kriegsherrn, an unsre
Armee, an unsere Heimath."

Alle tranken schweigend und so manches ehrliche treu
blickende blaue
Auge verschleierte sich mit feuchtem Schimmer, — mancher
blinkende
Thränentropfen fiel in die Gläser, welche die treuen Söhne
Niedersachsens in dieser Stunde des letzten Abschieds von
der
Vergangenheit dem Andenken ihres Königs weihten.

Dann brach man auf.

Jeder nahm sein kleines Gepäck, — viel hatten sie nicht, diese armen Soldaten des Exils — und in schweigendem Zug ging man durch die dunkeln, leeren Straßen der Stadt nach dem kleinen Bahnhofe. Die letzten Augenblicke vergingen unter Abschiednehmen der Soldaten unter einander und von ihren französischen Freunden, deren sich noch mehrere am Bahnhof eingefunden hatten, — auch Herr Vergier war gekommen und stand bleich und finster unter den Uebrigen auf dem Perron, schweigend die Händedrücke der Scheidenden erwidernd.

Da begann in der kleinen Kirche von der baumbekränzten Anhöhe über der
Stadt her eine Glocke zu läuten.

Es war die Sterbeglocke, welche die Gebete begleitete, die die Priester für einen aus dem Leben geschiedenen Bürger der Stadt zum Himmel sendeten.

Die einfachen durch die Nacht her klingenden Töne ergriffen mächtig alle diese ernst und traurig gestimmten Menschen. Die Franzosen nahmen die Hüte ab und sprachen ein stilles Gebet für die Seele des Gestorbenen, — auch die Hannoveraner falteten die Hände — Niemand wußte, welchem Todten dies Geläut galt, — aber auch ihnen starb ja heute für immer, was sie so lange im Herzen getragen und so sehr geliebt hatten, — ihre Heimath und ihr König.

Der Zug brauste heran, — noch ein Händedruck, — ein letztes Abschiedswort — und die Hannoveraner stiegen ein in die Waggons, welche sie ihrer neuen unbekannten Zukunft entgegenführen sollten.

— „Adieu — adieu — bonne chance!" tönte es aus den Gruppen der Bürger von St. Dizier — Cappei mit den wenigen Emigranten, welche sich zur Ueberfahrt nach Amerika entschlossen hatten, standen schweigend, mit feuchten Blicken schauten sie auf die Scheidenden hin, — fast zog es den jungen Mann einen Augenblick denen nach, deren Schicksal so lange mit dem seinigen verbunden gewesen war, und die nun ohne ihn hinauszogen zu einem Leben voll Abenteuer und Gefahren — da trat das Bild Luisens mit ihren sanften und liebevollen Augen vor seine Seele — rasch näherte er sich noch einmal dem Waggon und streckte dem Unterofficier Rühlberg, der am Schlage saß, die Hand hin.

„Gott befohlen!" sagte er mit erstickter Stimme, — „und — auf fröhliches
Wiedersehn!"

„Das wird schon kommen," erwiderte der Unterofficier mit einem etwas gezwungenen Lachen, hinter dem er seine innere Bewegung zu verbergen trachtete, „Ihr werdet zur Einsicht kommen — wir werden Euch einen Platz offen halten."

Die Schaffner eilten an den Zug, — die Locomotive pfiff und langsam begannen die Räder zu rollen.

Noch einmal winkten die Zurückblickenden mit den Händen, mit leisem aber klar durch die nächtliche Stille dringenden Ton schallte das Sterbeglöcklein von der alten Kirche herüber, — die Legionaire auf dem abfahrenden Zug begannen ihr traditionelles Soldatenlied:

„Wir lustigen Hannoveraner sind alle beisammen —"

aber die Töne erklangen in langsamerem Rhythmus als

sonst und wie der Zug so immer mehr sich entfernend in die Nacht hinausfuhr, vom klagenden Glockenton begleitet, — da klang das Lied, das sonst so fröhlich in Lager und Feld erschallt war, wie ein Grabgesang an der Bahre eines Todten, den man zur letzten Ruhe hinausführt.

Noch einige Augenblicke und Alles war in der dunkeln Ferne verschwunden, — weithin verklang das Schnauben der Maschine und das Rollen der Räder.

Cappei trennte sich von den Uebrigen und ging langsam zur Stadt zurück.

In einer ziemlichen Entfernung folgte ihm Herr Vergier, der sich ebenfalls sogleich nach der Abfahrt des Zuges isolirt hatte. Seine Blicke hefteten sich unbeweglich auf den jungen Mann vor ihm und seine Augen schienen in grünlichem Feuer durch die Nacht zu leuchten, während seine Züge von Grimm und Haß entstellt waren.

Cappei machte einen Umweg und ging an Herrn Challiers Haus vorbei, das in tiefer Ruhe und Dunkelheit da lag.

Einen Augenblick blieb er dort vor dem großen geschlossenen Thor stehen, — er drückte beide Hände an die Lippen und warf einen Kuß nach dem Hause hin.

„Gute Nacht, meine süße Geliebte," flüsterte er, — und schritt dann rasch weiter nach seiner in der Nähe des Marktplatzes belegenen Wohnung.

Herr Vergier war ihm langsam folgend ebenfalls bis in die Nähe des
Challier'schen Hauses gekommen.

Hier blieb er stehen und blickte dem jungen Hannoveraner, der bereits in der Dunkelheit verschwand, nach.

„Hätte ich eine Waffe bei mir," flüsterte er mit zischender Stimme, „so könnte ein Druck meines Fingers diesen Feind meines Landes, — diesen Räuber meiner Liebe vernichten!"

— „Aber geh' nur hin," sagte er, die geballte Faust zum nächtlichen Himmel erhebend, — „es giebt noch andere Waffen als die Kugel und den Stahl, — ich werde Dich vielleicht besser und sicherer treffen, geh' nur hin, — Du sollst nicht hierher zurückkehren auf den heiligen Boden Frankreichs, — den Du als Verräther betreten, — Du sollst nicht zurückkehren, um eine holde Blume meines Vaterlandes zu pflücken und mir das Glück meines Lebens zu stehlen."

Noch einmal sah er mit flammendem Blick dem gehaßten Fremden nach, — dann wendete er sich um und schritt durch die stille Nacht seinem Hause zu.

Viertes Capitel

Die schöne Tochter des Commerzienraths Cohnheim hatte seit dem Ball bei ihren Eltern still und traurig ihre Tage verbracht. Sie saß in tiefen Gedanken versunken an ihrem Fenster, oft sank die Stickerei, mit welcher sie sich beschäftigte, auf ihren Schooß, während sie auf die noch winterlichen Bäume des Thiergartens hinausblickte.

Doch war sie nicht traurig, oft umspielte ein stilles, glückliches Lächeln ihren Mund, und hoher Muth und freudige Hoffnungen leuchteten aus ihren Augen.

Ihre Mutter ließ keine Gelegenheit vorübergehen, um sie in trockner und wenig liebevoller Weise darauf aufmerksam zu machen, wie unpassend es sei, wenn sie, die Tochter des reichen Commerzienraths, der zu den ersten Finanzgrößen der Residenz gehöre, mit Nichts bedeutenden untergeordneten Officieren von der Linie den Cotillon tanze und Herren von Stellung und Distinction zurückweise. Ihre Mutter betrachtete das Alles nur als eine Frage der äußeren Rücksichten auf die Stellung des Commerzienraths. Aus ihren Reden ging hervor, daß sie sich nicht die entfernteste Möglichkeit träumen ließe, ihre Tochter könne wirklich in einem armen und unbedeutenden Offizier etwas Anderes finden, als einen guten angenehmen Tänzer.

Und Fräulein Anna, hörte alle mütterlichen Ermahnungen ruhig mit gleichgültigem Lächeln an — sie wartete ihre Zeit ab und wußte, daß, wenn dieselbe gekommen, sie die Kraft und Willen genug haben würde, dem Zorn ihrer Mutter zu trotzen.

Der Commerzienrath hatte viel mit dem Baron Rantow verkehrt und oft hatte er bei Tische erzählt, wie vortrefflich das Geschäft sei, welches er in Gemeinschaft mit dem Baron zu machen im Begriff stehe. Er hatte seiner Frau, welche aufmerksam, mit großem Interesse seinen Mittheilungen folgte, auseinandergesetzt wie hoch der Gewinn sein würde, welchen die Gesellschaft, welche er gegründet, aus der auf den Gütern des Barons eingeführten Industrie ziehen müsse und um wieviel sich zugleich durch diese Combination das Vermögens des Barons und das dereinstige Erbtheil seines einzigen Sohnes vergrößern werde. Er hatte dabei die persönliche Liebenswürdigkeit des jungen Herrn von

Rantow und seine Aussichten auf eine brillante Carriere ganz besonders hervorgehoben, indem er mit listigem Schmunzeln einen forschenden Blick auf seine Tochter warf. Aber jedesmal, wenn es geschehen war, hatte Fräulein Anna ihn so kalt und streng zurückweisend angesehen, hatte seine Bemerkungen mit einem so unverbrüchlichen eisigen Schweigen aufgenommen, daß der alte Herr, welcher seine Tochter abgöttisch liebte und ihr gegenüber stets nur schwache Versuche machte, seinen Willen durchzusetzen, schnell auf ein anderes Gesprächsthema übergegangen war.

Dann war die ganze Familie einmal bei dem Baron von Rantow zum Thee eingeladen worden. Man hatte dort einige ältere Herren, Freunde des Barons, gefunden, welche sehr vornehme Namen trugen und sehr vornehme Manieren hatten, und die Commerzienräthin hatte in diesen Kreisen noch steifer, noch würdevoller als je dagesessen und mit einem unzerstörbaren Lächeln auf den Lippen an der Unterhaltung nur durch kurze sentenzenhafte Bemerkungen Theil genommen, welche die strengsten aristokratischen Grundsätze aussprachen.

Der Commerzienrath war lebendiger, beweglicher und gesprächiger als je gewesen, er hatte den Baron mehrere Male „mein verehrter Freund", einmal sogar „mein lieber Freund" genannt. Er hatte seine finanziellen Ideen unter großer Aufmerksamkeit der Zuhörer entwickelt, er hatte von den Hunderttausenden erzählt, die er in diesem und in jenem Geschäft engagirt habe; er hatte die Bezugsquellen seiner vortrefflichen Weine mitgetheilt, und ein alter Graf hatte ihn sogar freundlich auf die Schulter geklopft und ihm versprochen, ihn einmal zu besuchen, um seinen Château Lafitte zu probiren.

Kurz Herr und Frau Cohnheim waren glücklich und befriedigt über diese intime Soirée bei dem Baron.

Der Referendarius von Rantow hatte seine ganze Aufmerksamkeit Fräulein Anna gewidmet, ohne indeß etwas Anderes erreichen zu können als einige hingeworfene, gleichgültige, oft sogar etwas sarkastische Bemerkungen.

Als man wieder nach Hause gekommen, hatte die Frau Commerzienräthin ihrer Tochter abermals eine Vorlesung über ihr abstoßendes Benehmen gegen den jungen Rantow gehalten, ohne etwas Anderes zu erzielen, als ein tiefes Schweigen ihrer Tochter.

Der Commerzienrath hatte einen schwachen Versuch gemacht, seine Frau zu unterstützen, er hatte einige Andeutungen fallen lassen, was der junge Herr von Rantow für eine gute Partie sei, und wie die Damen der höchsten Aristokratie glücklich sein würden, wenn seine Wahl auf sie fallen sollte, aber schnell hatte er sich vor dem ernsten abweisenden Blick seines Lieblings zurückgezogen und seiner Frau allein die Sorge überlassen, eine Idee, welche er mit besonderer Liebe in sich trug, dem jungen Mädchen annehmbar zu machen.

Fräulein Anna hatte nach dieser Soirée eine schlaflose Nacht zugebracht, sie hatte seit jenem Ball von dem Lieutenant von Büchenfeld Nichts wieder gehört. Er hatte in dem Hause des Commerzienraths einen Besuch gemacht zu einer Zeit, wo er gewiß war, Niemand zu Hause zu treffen; obgleich Anna fast den ganzen Tag an ihrem Fenster saß und auf die lebhafte Thiergartenpromenade herabsah, hatte sie doch niemals den erblickt, den ihre Augen suchten, nach dem ihr Herz sich sehnte.

Sie saß nachdenkend auf dem Divan in ihrem eleganten Schlafzimmer, das durch eine Hängelampe mit dunkelblauem Schirm erleuchtet war. Ihr schöner Kopf war auf ihre zarte, schlanke Hand gestützt und ihre aufgelösten

Haare fielen über den weißen Arm nieder, von welchem der weite Ärmel ihres faltigen Schlafrockes von grauer Seide herabgesunken war.

„Er liebt mich," flüsterte sie leise vor sich hin, — „das hat mein Herz lange empfunden, er hat es mir gesagt, und wenn er das sagt, so ist es wahr, denn für ihn ist die Liebe kein Spiel, und seine Worte sind ein Felsen, dem ich unbedingt vertraue. Aber warum ist er verschwunden," fuhr sie fort, „warum hat er seit jenem Tage, der alle fremden Schranken zwischen uns hätte hinwegräumen sollen, der uns gegenseitig unsere Herzen geöffnet hat, Nichts mehr von sich hören lassen? Warum hat er einen ceremoniellen Besuch gemacht, als er wußte, daß er uns nicht finden konnte? Ich kann das nicht ertragen," rief sie, leicht mit dem zierlichen Fuß auf den Boden tretend, „diese unklare, peinliche Lage muß ein Ende nehmen. Meine Mutter verfolgt mich mit diesem Herrn von Rantow, — es ist ein Plan vorhanden, in den ich nicht einwilligen werde! Auch mein Vater scheint ähnliche Gedanken zu haben. Nun," sagte sie trotzig die Lippen aufwerfend — „das beunruhigt mich nicht, mein Vater wird mir gegenüber nicht den Tyrannen spielen, — aber ein Ende muß das nehmen, klar muß Alles werden! Doch wie," sprach sie sinnend, „was soll ich meinen Eltern sagen, wenn sie mit directen Vorschlägen an mich herantreten? Soll ich ihnen sagen, ich liebe einen Mann, der es nicht der Mühe werth hält, sich mir zu nähern?"

Sie sann lange nach.

„Sollte ich ihn gekränkt haben," flüsterte sie leise — „er ist empfindlich und leicht verletzt. Doch nein, nein," rief sie dann, „ich erinnere mich jedes Wortes das ich ihm gesagt habe, und alle meine Worte sprachen deutlicher vielleicht, als ich es hätte thun sollen, meine Liebe zu ihm aus. Nein," rief sie, „er kann nicht zweifeln, daß mein Herz ihm gehört.

Es ist nur sein Stolz, sein harter unbeugsamer Sinn, der ihn von mir zurückhält. Und hat er," fuhr sie fort, indem ihre Augen sanft und weich vor sich hinblickten, „hat er nicht Recht, so stolz zu sein, er ist arm und die Macht des Geldes beherrscht die Welt, und doch fühlt er seinen eigenen Werth. Und darum gerade," rief sie leidenschaftlich, „darum liebe ich ihn — aber soll ich ihn verlieren, weil mein Vater reich und er arm ist, darf ich ihn so vielleicht für immer von mir gehen lassen — es klang wie ein Abschied in seinen letzten Worten. Fürchtet er, mich wieder zu sehen, um sich selbst nicht untreu zu werden? Ich muß ihn sehen," sagte sie aufspringend, „ich muß ihn sprechen, ich muß mit ihm Hand in Hand vor meinen Vater hintreten und laut das Gefühl meines Herzens bekennen. Oh," sagte sie, sich hoch aufrichtend, „diesem Baron von Rantow gegenüber und all den Herren gegenüber, die mich umschwärmen, die da glauben, daß sie gestützt auf ihre großen Namen und ihre Stellung nur die Hand ausstrecken dürfen, um mit der Tochter des reichen Commerzienraths ein großes Vermögen zu erwerben, — ihnen gegenüber fühle ich den Stolz einer Königin in mir, es reizt mich, ihnen zu zeigen, daß ich mich höher achte, als sie Alle. Aber ihm gegenüber, ihm, den ich liebe, diesem edlen, reichen und treuen Herzen gegenüber will ich demüthig sein. Er soll sehen, wie ich Alles, was ich ihm bieten kann, für Nichts achte und wie ich glücklich bin, daß er mich seiner Liebe werth gefunden, ihn will ich bitten, mich nicht zu verlassen, ihm gegenüber will ich keinen Stolz haben, und so will ich ihn zwingen, auch seinen Stolz aufzugeben."

Sie öffnete ein zierliches Etui von rothem Leder, nahm einen kleinen Bogen goldgerändertes Briefpapier aus demselben und schrieb hastig, während ihre Wangen sich mit dunklem Purpur färbten, einige Zeilen.

Dann las sie dieselben durch.

„Es ist etwas Ungewöhnliches, was ich da thue," sagte sie, „jedem andern Manne gegenüber würde es eine Selbsterniedrigung sein — aber er wird mich verstehen, er wird fühlen, daß er kein Recht mehr hat, seinem stolzen Eigenwillen zu folgen, wenn ich mich so vor ihm beuge, wenn ich mich so in seine Hände gebe."

Rasch faltete sie den geschriebenen Brief zusammen verschloß ihn in eine
Enveloppe und setzte die Adresse auf dieselbe.

„Es wird Licht werden," sagte sie dann, „ich werde den Brief zur Post tragen, Niemand wird etwas davon erfahren und er wird sicher meiner Bitte folgen."

Die bange Unruhe verschwand aus ihrem Gesicht, langsam entkleidete sie sich, die Gedanken an den Geliebten begleiteten sie in ihren Schlummer und gestalteten sich zu schönen und lieblichen Träumen künftigen Glückes.

* * * * *

Der Lieutenant von Büchenfeld hatte seit seiner Erklärung mit Fräulein Cohnheim viel mit sich selbst gekämpft. Er war nach einer ziemlich einsamen Jugend im stillen Hause seines Vaters bei seiner Anwesenheit in Berlin zum ersten Mal in die größern Kreise der Welt eingetreten, und die Liebe zu dem jungen Mädchen hatte mit übermächtiger Kraft sein tief empfindendes, in sich selbst zurückgezogenes Herz erfüllt, ein ganz neues Leben war ihm aufgegangen, und sein ganzes Wesen war durchdrungen von dem tiefen Gefühl, das ihn erfüllte. Die starren Begriffe von Ehre und männlicher Würde, welche die Erziehung seines Vaters in ihn gelegt, kämpften gegen diese Liebe an, und sein Blut empörte sich bei dem Gedanken, daß man seiner Bewerbung um die Tochter des reichen Commerzienraths materielle Motive unterlegen könnte, sein Stolz bäumte sich auf, wenn er sich die Möglichkeit dachte, daß er kalt und hochmüthig zurückgewiesen werden könnte, und selbst wenn es ihm gelingen würde, seine Geliebte zu erringen, so schauderte er vor dem Gedanken zurück, seine Lebensstellung auf das Vermögen seiner Frau zu begründen.

Er hatte sich eine Zeit lang von seinen Gefühlen hinreißen lassen, er war dem jungen Mädchen näher und näher getreten, endlich aber hatte er mit dem festen Entschluß sich von allen Illusionen zu trennen sich gegen sie aussprechen wollen, um zugleich für immer von ihr Abschied zu nehmen.

Da hatte sie in wunderbarer Offenheit ihm ihr Herz geöffnet, er hatte mit Entzücken, aber fast auch mit Schrecken gesehen, daß seine Gefühle so stark und so warm erwiedert würden.

Im ersten Augenblick hatte der Glanz dieses Glückes ihn geblendet, aber am anderen Tage war der Stolz wieder in ihm mächtig geworden, er hatte den festen Entschluß gefaßt, einsam durch das Leben zu gehen und nur auf seine eigene Kraft seine Zukunft zu begründen, und er wollte, um den Kampf siegreich zu bestehen, Fräulein Cohnheim nicht wiedersehen, so lange sein Commando in Berlin noch dauerte.

Oft zog es ihn nach dem Thiergarten hin, um wenigstens von ferne die geliebten Züge zu erblicken, die so tief in sein Herz gegraben waren, aber mit eiserner Willenskraft hielt er sich zurück und vermied sorgfältig alle Kreise, in denen er Fräulein Cohnheim hätte begegnen können. Nur am späten Abend ging er hinaus und blickte aus der tiefen Dunkelheit zu dem erleuchteten Fenster, durch welches er zuweilen die Umrisse der schlanken Gestalt seiner Geliebten entdecken konnte. Lange stand er dort an einen Baum gelehnt, in schmerzliche Träumerei versunken, aber sein Entschluß blieb fest, am Tage betrat er niemals die Gegend, in welcher er so oft seine schmerzlichen Seufzer zum nächtlichen Himmel sandte.

Er wurde in seiner stolzen Zurückhaltung noch bestärkt durch die Bemerkungen, welche sein Vater ihm über sein Gespräch mit dem Baron von Rantow gemacht hatte. Der alte Herr hatte sich sehr zornig gegen seinen Sohn darüber geäußert, daß sein Jugendfreund, ein alter Edelmann aus bester Familie sich zu industriellen Geschäften mit dem Commerzienrath associirt habe, und daß er, wie es schien, sogar die Idee nicht als unmöglich verwerfe, die beiden durch das gemeinsame Unternehmen noch immer weiter zu vermehrenden Vermögen durch eine Heirath seines Sohnes mit dem Fräulein Cohnheim mit einander zu verbinden.

Mit traurig bitterm Lächeln hatte der junge Mann den unwilligen Worten seines Vaters zugehört.

Der alte Herr hatte in diesem Lächeln eine Zustimmung zu seinem so mißfälligen Urtheil über die moderne Handlungsweise seines Freundes zu finden geglaubt und, indem er seinen Sohn auf die Schulter klopfte, laut ausgerufen:

„Wir würden so Etwas nicht thun, die Büchenfelds mögen kein so vornehmes und kein so begütertes Geschlecht sein, wie die Freiherren von Rantow, aber mit den Börsenspeculanten würden wir weder unsere Geschäfte, noch unser Blut vermischen."

Unbeschreibliche Gefühle hatten das Herz des jungen

Mannes bei diesen Worten seines Vaters zusammengeschnürt, ohne zu antworten, war er aufgestanden und hatte das Zimmer verlassen.

Einige Tage später hatte ihm der alte Herr nach einem Besuch bei dem Herrn von Rantow in höchster Entrüstung mitgetheilt, daß nicht nur das Geschäft zwischen dem Baron und dem Commerzienrath zur industriellen Ausbeutung der Rantow'schen Erbgüter beschlossen sei, sondern daß er nun auch schon die Verbindung des jungen Rantow mit dem Fräulein Cohnheim zu seinem tiefen Schmerz als gewiß ansähe.

Immer fester war nach solchen Mittheilungen der Entschluß des jungen Mannes geworden, das junge Mädchen nicht wieder zu sehen, der alle Regungen seines Herzens gehörten und welche doch von ihm durch alle Hemmnisse und Schranken getrennt war, welche die Verhältnisse der Welt zwischen zwei Menschenherzen aufzurichten im Stande sind.

Immer eifriger hatte er sich in seine Studien vertieft, — er suchte durch die Arbeit den Schmerz zu besiegen, der so verzehrend sein ganzes Wesen durchdrang, er suchte mit aller Kraft seines Geistes, mit aller Anstrengung seines Willens sich durch eine unausgesetzte Thätigkeit für eine große und wirkungsvolle Carrière vorzubereiten. Er wollte durch den Ehrgeiz die Liebe tödten, denn einer großen und mächtigen, Alles beherrschenden Regung bedurfte er für sein inneres Leben, dem das gleichgültige Einerlei eines zwecklosen Vegetirens nicht genügte.

An dem Tage, an dessen Vorabend Fräulein Anna in

nächtlicher Stille den Entschluß gefaßt hatte, alle Zweifel ihres Herzens einer entscheidenden Lösung zuzuführen, war der junge Officier um die Mittagsstunde von der Kriegsschule zurückgekehrt und trat in das Zimmer seines Vaters, in welchem der alte Diener des Oberstlieutenants, der lange Jahre sein Bursche gewesen und nach dem Abschied seines Herrn in dessen Privatdienst geblieben war, so eben das bescheidene Diner servirte, welches der alte Herr für sich und seinen Sohn aus einem nahe gelegenen kleinen Hotel holen ließ.

„Du siehst bleich aus," sagte der alte Herr, indem er seinen Sohn mit sorgenvoller Theilnahme ansah, „ich fürchte, Du arbeitest zu viel. Es ist zwar sehr gut, wenn man etwas recht Tüchtiges lernt, aber man darf darum kein Kopfhänger werden. Du gehst nicht mehr aus, Du bist fast jeden Abend zu Hause, Du besuchst keine Gesellschaften mehr — Du darfst Dich nicht zu sehr anstrengen. Zu meiner Zeit," sagte er, sich den Schnurrbart streichend, „waren wir jungen Officiere anders, wenn es keine Gesellschaften gab, so gingen wir wenigstens in die Natur hinaus und machten fröhliche Streifzüge durch Wald und Feld. Damals hätten wir es nicht für die Aufgabe des Soldaten gehalten, hinter den Büchern zu sitzen und zu lesen und zu arbeiten wie ein Student."

„Sei ruhig, lieber Vater," sagte der Lieutenant mit einem etwas gezwungenen Lächeln, „ich werde gewiß nicht über meine Kräfte arbeiten; wenn ich viel zu Hause geblieben bin, so liegt es nur daran, daß ich keine Freude in dem hiesigen weitläufigen Gesellschaftsleben finde. Wenn ich erst wieder in meiner Garnison sein werde unter meinen Kameraden, unter den alt gewohnten Verhältnissen, so wird es anders werden."

„Nun," sagte der alte Oberstlieutenant, seinem früheren Gedankengang folgend, „es treten ja jetzt auch ganz andere

Aufgaben an einen Officier heran. Die heutige Tactik ist eine viel complicirtere, und man muß heute die Kriege ebenso sehr mit dem Kopfe als mit dem Arm führen. Das ist Alles ganz gut, aber zum Kopfhänger darf darum der Soldat doch nicht werden. — Daß Dir übrigens das Gesellschaftsleben hier in Berlin nicht gefällt," fuhr er fort, „verstehe ich, und daß Du glücklicher in den einfachen Verhältnissen Deiner kleinen Garnison bist — freilich," sagte er dann wehmüthig seufzend, „wird dann Dein alter Vater hier wieder ganz allein sein, doch das ist ja das Loos des Alters — Ihr marschirt in die Welt hinein, wir gehen aus derselben hinaus. Da können ja unsere Wege nicht zusammenlaufen."

Er setzte sich zu Tisch, sein Sohn nahm ihm gegenüber Platz, und der alte Diener servirte in militairischer Haltung die etwas blasse und dünne Bouillon.

Der Oberstlieutenant füllte die Weingläser für sich und seinen Sohn aus einer bereits angebrochenen Flasche St. Julien und stieß mit dem Lieutenant, wie er das stets zu thun pflegte, auf den künftigen Feldmarschallstab an. Während der junge Mann schweigend seinem Vater zuhörte, welcher von alten Zeiten erzählte und manche schon oft wiederholte Geschichte noch einmal ausführlich vortrug, hörte man ein starkes Klingeln an der äußern Eingangsthür der kleinen einfachen Wohnung.

Der alte Diener ging hinaus und kehrte nach einigen Augenblicken mit einem kleinen zierlichen Brief in der Hand zurück.

„Ein Brief für den Herrn Lieutenant," sagte er, indem er in dienstlicher Haltung das Billet dem jungen Mann überreichte.

Dieser nahm es mit gleichgültiger Miene, öffnete es, und ließ die Augen über den Inhalt gleiten. Eine dunkle Röthe flog über sein Gesicht, mit starrem Erstaunen, fast mit dem Ausdruck eines jähen Schreckens las er die wenigen Zeilen, langsam sank seine Hand mit dem Papier auf seinen Schooß herab, indem seine Augen fortwährend unbeweglich auf den Worten ruhten, die er so eben gelesen.

„Mein Gott," rief der alte Oberstlieutenant unruhig, „was ist das? Du hast doch keine böse Nachricht bekommen — doch nicht etwa eine Ehrensache?"

Mit gewaltiger Anstrengung suchte der junge Mann seine Fassung wieder zu gewinnen.

„Es ist Nichts," sagte er, das Papier zusammenfaltend und es in seine Uniform steckend, indem er mit einer gewissen Mühe die Worte hervorbrachte, „ein Bekannter ladet mich ein, mit ihm den Abend zu verbringen."

„Aber Du bist doch so erschrocken," sagte der alte Herr forschend, „Du bist ja ganz roth geworden, Du zitterst."

„Ich habe den ganzen Vormittag über Nichts gegessen," sagte der Lieutenant, „die warme Suppe und das Glas Rothwein haben mich ein wenig echauffirt, — es ist wirklich nichts, gar Nichts Unangenehmes. Es war ein leichter Schwindel, der bereits vorüber ist." —

Der alte Herr sah ihn ein wenig enttäuscht an.

Der Lieutenant, welcher bisher schweigend dagesessen hatte, begann mit einer etwas gewaltsamen Heiterkeit auf seine Erzählungen einzugehen, Erinnerungen anzuregen, von denen er wußte, daß sie seinem Vater lieb wären, so daß dieser bald den kleinen Vorfall vergaß und in äußerst zufriedener Stimmung noch eine zweite Flasche St. Julien bringen ließ, sehr vergnügt darüber, daß sein Sohn so lebendig wie lange nicht an seinen Gesprächen Theil nahm.

Als das Diner beendet, und das einfache Gedeck von dem Diener abgeräumt war, setzte sich der Oberstlieutenant in einen großen altmodischen Lehnstuhl, plauderte noch ein wenig, immer langsamer und langsamer sprechend mit seinem Sohn, deckte ein großes seidenes Tuch über seinen Kopf und versank in seinen gewohnten Nachmittagsschlaf, welcher heute tiefer war als sonst und ihm in freundlichen aber verworrenen Bildern die Zukunft seines Sohnes zeigte, wie dieser mit militairischen Würden und Auszeichnungen geschmückt den Namen derer von Büchenfeld zu immer höhern Ehren brachte.

Als der alte Herr eingeschlafen war, zog sich der Lieutenant in sein
kleines Zimmer zurück, setzte sich vor seinen großen Tisch von weißem
Holz, der mit Büchern, Plänen und Karten bedeckt war, zog das kleine
Billet aus seiner Uniform hervor und versenkte sich abermals in die
Lectüre desselben.

„Mein Gott," sagte er endlich mit tief bewegtem, fast schmerzlichem Ton, „mein Entschluß stand so fest, ich glaubte Alles überwunden, ich glaubte mit der Vergangenheit und all ihren süßen Lockungen abgeschlossen zu haben, — da dringt diese Botschaft zu mir, welche alle meine Entschlüsse wieder umwirft, welche mich von Neuem in Kampf, in Unruhe und Zweifel versenkt —

„Mein lieber Freund."

Las er, die Augen starr auf das Papier gerichtet.

„Nach unserm letzten Gespräch glaube ich es mir und Ihnen schuldig zu sein, volle Klarheit zwischen uns zu schaffen. Die Verhältnisse machen eine Erklärung zwischen uns nothwendig. Ich muß Sie sehen und sprechen, — gehen Sie heute Nachmittag fünf Uhr in der Nähe unseres Hauses auf der Thiergartenpromenade auf und nieder. Ich werde Ihnen dort begegnen und Nichts wird uns verhindern, uns in hellem Tageslicht und vor den Augen aller Welt gegen einander auszusprechen."

„Ein angefangenes Wort ist ausgestrichen," sagte er, immerfort sinnend das Papier betrachtend, — „ein einfaches A. ist die Unterschrift. — Ich habe niemals Anna's Handschrift gesehen," fuhr er fort, „aber es ist kein Zweifel, dieser Brief muß von ihr kommen. Was kann sie mir sagen wollen? Nach den Mittheilungen meines Vaters soll ihre Verbindung mit dem jungen Rantow so gut wie abgemacht sein — nach ihren letzten Worten freilich," sagte er, den Kopf in die Hand stützend, „mußte ich glauben, daß ihr Herz sich mir zuneigte. Sie wollte das Opfer meiner Liebe nicht annehmen, sie gab mir Hoffnung, — oh, eine so süße Hoffnung, welche ich mit so schwerer Ueberwindung aus meinem Herzen gerissen habe.

Wäre es möglich" — ein Schimmer von Glück und Freude erleuchtete sein Gesicht, in einer unwillkürlichen Bewegung hob er das Papier empor, drückte seine Lippen auf die Schriftzüge, dann sprang er auf und ging in heftiger Erregung in seinem Zimmer auf und nieder. —

„Sei es, was es will," rief er, „es wäre unritterlich und feige, der Aufforderung einer Dame nicht zu folgen, einer Dame, der ich gesagt habe, daß ich sie liebe — und welche dieses Geständniß so gütig und freundlich aufgenommen, wie sie es gethan. —

Aber," fuhr er dann mit finsterm Ausdruck und dumpfer Stimme fort, „wenn sie mir sagen will, daß Alles zu Ende sei, wenn sie den Traum beenden will, von dem ich ihr voreilig und unvorsichtig vielleicht gesprochen?

Nun," fuhr er mit entschlossenem Ton nach einem langen Schweigen fort, „auch das wäre ein Zeichen, daß ich mich nicht in ihr getäuscht habe, ein Zeichen, daß sie meiner Liebe werth war, und daß sie es auch verdient, daß ich diese Liebe ihrer Ruhe und ihrem Glück opfere. Jedenfalls muß ich hingehen, soll es ein letzter Abschied sein, so wird ja nur das geschehen, wozu ich selbst fest entschlossen war, und dieser schöne Traum wird einen um so schönern Abschluß finden, und," sagte er leise mit weichem Blick, dessen Ausdruck zwischen Schmerz und Glück die Mitte hielt, „sollte der Kampf meiner Pflicht und meines Stolzes gegen meine Liebe sich erneuern — ich will und darf keinen Kampf scheuen! Das wäre ein Mißtrauen auf die eigene Kraft, — ich muß hingehen und werde stark genug sein, um Alles zu ertragen, was dieser verhängnißvolle Augenblick mir bringen kann."

Er blickte auf seine Uhr.

„Noch über eine Stunde," sagte er, — „daß doch die Zeit oft so langsam vergeht, wenn man ihr Flügel wünscht und so rasch dahin schwindet, wenn man sie fesseln möchte."

Er ergriff ein Buch und begann zu lesen, aber seine Gedanken waren nicht bei seiner Lectüre, in kurzen Zwischenräumen sah er nach der Uhr, deren Zeiger kaum vorzurücken schien; in zitternder Unruhe bewegte er sich hin und her; in schnellem Wechsel wurde sein Gesicht bald tief blaß, bald glühend roth; ein leichter Schweiß perlte an der Wurzel seiner Haare; und trotz aller Willenskraft, die er aufwendete, um ruhig zu bleiben, fand er sich nach Ablauf einer Stunde in jenem Zustand fieberhafter Aufregung, welchen der innere Kampf der Gefühle und Gedanken bei äußerer Unthätigkeit stets hervorruft und welcher bei kräftigen und nervösen Naturen immer eine Folge des Wartens ist, dieses unerträglichsten Zustandes unter allen Leiden, an denen das arme gequälte Menschenleben so reich ist.

Endlich war der Augenblick gekommen, er steckte den Degen ein, setzte die Mütze auf und verließ, ohne das Zimmer seines Vaters noch einmal zu betreten, das Haus.

* * * * *

Fräulein Anna hatte in nicht geringerer Unruhe und Aufregung den Tag verbracht. Es war ihr nicht schwer geworden, einen Vorwand zu finden um zu der Stunde, welche sie ihrem Geliebten angegeben, allein auszugehen. Sie war überhaupt gewohnt, stets ganz nach den Eingebungen ihres eigenen Willens zu handeln, welchen ihre Mutter aus überlegener Gleichgültigkeit, ihr Vater aus Zärtlichkeit selten ein Hinderniß in den Weg gelegt hatten.

Noch einmal hatte sie sich Alles überdacht, was sie dem jungen Manne sagen wollte. Ihr Herz schlug in ungeduldiger Sehnsucht dem Augenblick entgegen, in welchem sie ihn wiedersehen würden. Es war ja unmöglich, daß sein harter Sinn ihrer Liebe widerstehen könnte, da sie doch wußte, daß sein Herz ihr gehörte.

Mit bangem Zittern, aber mit einem glücklichen, hoffnungsvollen Lächeln auf den Lippen verließ sie kurze Zeit vor der festgesetzten Stunde ihre Wohnung und begann auf der Thiergartenpromenade vor dem Hause ihrer Eltern auf- und abzugehen, wie sie es öfter um diese Zeit zu thun pflegte um frische Luft zu schöpfen.

Unruhig forschend tauchte sich ihr Blick in die Ferne, aber unter all den alten Damen mit kleinen Hündchen in zierlichen blauen oder rothen Mänteln, unter all den Herren, welche in dem regelmäßig abgemessenen Spaziergang Erholung für die im Staub der Bureaus aller Arten verbrachten Morgenstunden suchten, entdeckte sie Denjenigen nicht, dem ihr Herz entgegenflog.

Langsam, in tiefe Gedanken versunken, schritt sie weiter.

„Guten Tag, Fräulein Anna," ertönte plötzlich eine Stimme unmittelbar neben ihr, und rasch aufblickend sah sie den Referendarius von Rantow, welcher sein Lorgnon vor den Augen, den Hut abnahm und sie zwar mit einer tiefen und artigen Verbeugung, aber doch mit der Vertraulichkeit eines alten Bekannten begrüßte, welche sie um so unangenehmer berührte, als ihr diese Begegnung gerade im gegenwärtigen Augenblick ungemein unerwünscht war.

Mit einer kalten und abweisenden Miene erwiderte sie den Gruß des jungen
Mannes, und wollte ihren Weg fortsetzen.

Herr von Rantow blieb an ihrer Seite.

„Ich habe Sie in den letzten Tagen in mehreren Gesellschaften vergeblich gesucht, mein gnädiges Fräulein," sagte er, „in denen ich Ihnen sonst zu begegnen gewohnt war. Ich hoffe, Sie sind nicht leidend gewesen, Ihre blühende Farbe sollte mich beruhigen. Wo solche Rosen auf den Wangen blühen und solches Feuer aus den Augen leuchtet, kann Krankheit und Leiden keinen Platz finden," fügte er mit höflich gleichgültigem Ton hinzu, indem sein Blick oberflächlich über das Gesicht und die Gestalt des jungen Mädchen hinglitt.

„Ich danke, Herr von Rantow," sagte Anna mit dem Ton einer gewissen Verlegenheit, „ich befinde mich ganz wohl und war nur etwas nervös verstimmt, — deshalb bin ich nicht in Gesellschaft gegangen und möchte jetzt einen kleinen Gang in der freien Natur machen, um *einsam* meinen Gedanken nachzuhängen."

„Das sollten Sie nicht thun," erwiderte Herr von Rantow, ohne den ziemlich deutlichen Wink der Entlassung zu bemerken, welcher ebenso sehr in ihren Mienen, als in ihren Worten lag. „Die Einsamkeit ist kein Heilmittel für angegriffene Nerven, eine heitere gemüthliche Plauderei leistet viel bessere Dienste, ich will ein wenig versuchen, Ihr Arzt zu sein."

„Sie sind zu gütig," erwiderte sie in leicht gereiztem Ton, „Jeder muß am besten wissen, was seiner Natur bei nervösen Verstimmungen gut thut, und für mich ist ein *einsamer* Spaziergang in der freien Luft," fügte sie mit noch schärferer Betonung hinzu, „das beste Heilmittel."

„Fast darf ich Ihnen nach diesen Worten," erwiderte Herr von Rantow mit einem leichten Lächeln, während er durch sein Glas in eine Seitenallee hinabsah, „meine Begleitung nicht weiter aufdrängen, und doch wird es mir schwer Sie zu verlassen. Wenn es aber Ihr Ernst ist, durchaus allein sein zu wollen —"

„Mein voller Ernst," rief Anna schnell, indem eine dunkle Röthe ihr
Gesicht überflog, — sie hatte wenige Schritte vor sich den Lieutenant von
Büchenfeld bemerkt und machte eine unwillkürliche Bewegung, als wolle
sie ihm entgegen eilen.

Herr von Rantow sah sie etwas befremdet an und folgte dann der Richtung ihres Blickes.

„Ah, da ist Herr von Büchenfeld, ich habe ihn lange nicht gesehen! Auch ein Einsamer," fügte er mit einem schnellen Seitenblick auf das junge Mädchen hinzu. „Wäre die Einsamkeit ein Ding, das man theilen könnte, so würde ich vorschlagen, daß wir uns zu Dreien ihrem Genuß hingeben."

Anna hörte nicht, was er sprach, ihre Blicke waren unverwandt auf den
jungen Officier gerichtet. Peinliche Verlegenheit malte sich in ihren
Zügen, unschlüssig hielt sie ihre Schritte an, so daß sie fast neben
Herrn von Rantow stehen blieb.

Der Lieutenant von Büchenfeld hatte bei ihrem Anblick zunächst in freudiger Bewegung einen Schritt vorwärts gemacht, dann bemerkte er den jungen Herrn von Rantow, welcher in anscheinend vertraulichem Gespräch neben Fräulein Anna herging.

Eine tiefe Blässe bedeckte plötzlich seine Züge, seine Augen öffneten sich weit und blickten starr auf das Paar hin, welches vor ihm stehen blieb, — ein bitteres höhnisches Lächeln verzog seine fest verschlossenen Lippen zu fast krampfhafter Entstellung, ein tiefer Athemzug hob seine Brust, schnell wandte er sich seitwärts, und mit raschen Schritten ging er an den beiden jungen Leuten vorbei, mit kalter Höflichkeit Fräulein Cohnheim militairisch grüßend.

Das junge Mädchen zitterte in heftiger Bewegung, ihre Augen richteten sich mit magnetischem Glanz auf den schnell vorüberschreitenden jungen Officier; ein tiefer

Seufzer, fast wie ein leiser angstvoller Schrei, rang sich aus ihrem Munde hervor, sie machte eine Bewegung, als wolle sie die Hände ausstrecken.

„Um Gottes Willen Herr von Büchenfeld!" rief sie.

Aber ihre Stimme war von tiefer, innerer Erregung so zusammengepreßt, daß ihre Worte kaum vernehmbar nur zu dem Ohr des unmittelbar neben ihr stehenden Herrn von Rantow drangen. Im höflichen Diensteifer wandte sich dieser um.

„Büchenfeld!" rief er, „so höre doch, — wie unhöflich, so vorbei zu laufen, — Fräulein Cohnheim ruft Dich."

Er hatte den jungen Officier eingeholt, legte die Hand auf seinen Arm und zwang ihn, still zu stehen. Mit starrem Blick, immer jenes höhnische, bittere Lächeln auf den Lippen, kehrte er, von Herrn von Rantow geführt, zu dem jungen Mädchen zurück, das ihn zitternd erwartete.

„Ich habe Sie so lange nicht gesehen, Herr von Büchenfeld," stammelte sie mit unsicherm Ton, „ich wollte Ihnen sagen, — daß —" sie blickte auf Herrn von Rantow, der mit einem artigen Lächeln auf den Lippen neben ihr stand, und dann schlug sie die Augen nieder, — sie schien nach Worten zu suchen, zornig biß sie ihre glänzenden Zähne auf die Lippen und trat heftig mit dem Fuß auf den Boden.

„Es ist sehr freundlich, daß Sie sich meiner erinnern," sagte der
Lieutenant von Büchenfeld mit kalter, schneidender Höflichkeit. „Ich
bin unendlich erfreut, Ihnen hier begegnet zu sein, zu meinem tiefen
Bedauern muß ich aber um Verzeihung bitten, daß ich mich

keinen Augenblick aufhalten kann, — der unerbittliche Dienst ruft mich."

Er grüßte militairisch, neigte leicht den Kopf gegen Herrn von Rantow, und eilte dann mit schnellen Schritten davon.

Anna athmete tief auf, sie machte eine Bewegung, als wolle sie ihm nacheilen, doch das wäre vergeblich gewesen, er entfernte sich in immer schnellerem Gang, sie — sah ihm mit brennendem Blick nach.

Ein Zug tiefer schmerzlicher Trauer erschien auf ihrem Gesicht.

„Ich begreife nicht," sagte Herr von Rantow, „was er haben kann, er sah ja ganz verstört aus. Sollte er dienstliche Unannehmlichkeiten gehabt haben?"

Fräulein Anna sah ihn mit zornfunkelnden Augen an, in ihren Wimpern zeigte sich ein feuchter Thränenschimmer.

„Ich bedaure sehr, Herr von Rantow," sagte sie mit kaltem Ton, „daß ich nicht länger das Vergnügen Ihrer Gesellschaft haben kann, die Luft greift mich an, ich will nach Hause zurückkehren."

Bevor der junge Mann antworten konnte, hatte sie sich mit einem leichten Gruß abgewendet und schritt schnell dem Hause ihrer Eltern zu.

„Wir gehen denselben Weg," sagte er ganz erstaunt, „ich will so eben zu meinen Eltern."

Aber bereits war sie weit entfernt, ohne seine Worte zu hören. Erstaunt blickte er ihr nach.

„Was geht denn da vor!" sprach er kopfschüttelnd vor sich

hin. „Sollte da eine ernste Herzensangelegenheit spielen, — das würde mir nicht zu meinen Absichten passen, ich kann kaum eine bessere Partie finden, das Alles fügt sich so vortrefflich, — nun, ich glaube kaum, daß es ein ernstes Hinderniß sein wird," sagte er dann, sich leicht den Schnurrbart streichend, „dieser Büchenfeld mit seinen altfränkischen Anschauungen wird kaum an eine ernste Bewerbung denken, und der alte Cohnheim wird auch wenig Lust haben, sein einziges Kind einem Officier zu geben, der Nichts weiter besitzt als seinen Degen."

Langsam schritt er dem weit vorausgeeilten jungen Mädchen nach und trat einige Zeit später als sie in das Haus des Commerzienraths, dessen Parterre seine Eltern bewohnten.

Der Lieutenant von Büchenfeld war in schmerzlicher Erregung dem Brandenburger Thor zugeschritten. Er blickte starr vor sich hin, kaum die Vorübergehenden beachtend und nur mit seinen finstern Gedanken beschäftigt.

„Das also ist es gewesen," flüsterte er, „sie hat mir zeigen wollen, daß Alles zwischen uns aus sein soll, daß Alles für sie nur das flüchtige Spiel einer augenblicklichen Laune war. Ein Abschied hat es sein sollen, aber nicht ein freundlicher Abschied, welcher mit seinem sanften Strahl das künftige Leben erleuchtet und den Schmerz der Trennung verklärt. Nein, dieser Abschied war fast ein Hohn auf die Vergangenheit, sie wollte sich mir auf meinem einsamen Wege an der Seite Desjenigen zeigen, der das Glück besitzen soll, das ich vergeblich ersehnte. —

„Das Glück?" sagte er, indem er die Augen fragend emporschlug, — „kann es ein Glück geben an der Seite eines Wesens, das so herzlos mit den edelsten Gefühlen spielt, das auf solche Weise eine Liebe von sich weisen kann, deren Tiefen sie kaum zu ermessen verstehen mag, — und sie hätte es ja nicht nöthig gehabt," sprach er, grimmig die Lippen auf einander pressend, „sie hätte es nicht nöthig gehabt, mir so meinen Abschied zu geben. Ich habe sie doch wahrlich mit meiner Liebe nicht verfolgt, ich habe mich still und schweigend zurückgezogen. Warum hat sie mich nicht ruhig meiner Wege gehen lassen? Ach, wie tief habe ich mich in ihr getäuscht! Wie Recht hatte mein Vater, daß in diesen Kreisen der reich gewordenen Parvenus es kein Herz und kein Gefühl giebt."

Er sah sich plötzlich von mehreren Kameraden umringt, deren Annäherung er nicht bemerkt hatte, und welche ihm lachend den Weg vertraten.

„Endlich trifft man ihn einmal, diesen verkörperten Fleiß," rief ein junger Dragonerofficier.

„Er bereitet sich zum Chef des großen Generalstabs vor und macht Tag und Nacht die Pläne zu den Schlachten, die er künftig gewinnen will. Aber jetzt haben wir ihn, jetzt soll er mit uns kommen. Es ist heute Hohensteins Geburtstag," sagte er, auf einen Husarenofficier deutend, „wir sind es ihm aus Freundschaft schuldig, diesen wichtigen Tag zu feiern. Büchenfeld darf sich nicht zurückziehen, wenn er nicht ein schlechter Kamerad ist. Wir wollen zu Borchard gehen, dort ist ein vortrefflicher Romanée mousseux, dessen Bekanntschaft er machen soll. Ein ganz ausgezeichneter Stoff, etwas schwer, — aber wo man den Geburtstag eines guten Freundes feiert, darf man ja nicht ganz kalt und nüchtern bleiben."

Er ergriff den Arm des Lieutenants von Büchenfeld und zog ihn fort. Die
Andern folgten.

„Es ist wahr," rief Büchenfeld flammenden Blickes, „ich habe zu viel gearbeitet, zu viel nachgedacht und gegrübelt, ich will mir einmal den Kopf frei machen von allen Gedanken. Könnte ich Vergessenheit trinken," sagte er leise vor sich hin, — „wie die Alten mit dem Wasser des Flusses der Unterwelt alle Erinnerungen an die Leiden des Lebens aus ihrer Seele fortspülten!"

Unter heitern und fröhlichen Gesprächen schritten die Officiere die
Linden entlang und begaben sich in das elegante, altbewährte Local von
Borchard in der Französischen Straße.

Der alte Kellner mit dem kränklichen, klug blickenden Gesicht, welcher so genau seine Gäste zu classificiren verstand und den Geschmack und die Gewohnheiten eines Jeden stets scharf im Gedächtniß behielt, brachte die dickbäuchigen Flaschen in den eisgefüllten Kühlern. Die Pfropfen wurden entfernt, und das edle, dunkelrothe Getränk mit dem weißen Schaum ergoß sich in die zierlichen Krystallkelche.

Der Lieutenant von Büchenfeld, welcher ernst und mit finsterm Schweigen sich der Gesellschaft der Uebrigen angeschlossen hatte, stürzte ein Glas des purpurnen Getränkes nach dem andern hinunter, — eine wilde Heiterkeit schien sich seiner zu bemächtigen, seine Augen flammten, seine Wangen glühten, ganz seiner sonstigen Gewohnheit entgegen begann er mit sprühendem Witz an der Unterhaltung Theil zu nehmen.

Aber dieser Witz war nicht wohlthuend, belebend und erheiternd, — er war scharf, schneidend, Alles in den Staub herabziehend, was dem ernsten Sinn des jungen Mannes sonst unantastbar gewesen war.

Seine Freunde sahen sich ganz erstaunt an.

„Büchenfeld muß etwas sehr Glückliches passirt sein," sagte der
Dragonerofficier, „so habe ich ihn noch nie gesehen."

„Oder," sagte der Husar lachend, „er steht im Begriff, sich todtzuschießen. Das ist ja der reine Galgenhumor, der aus ihm spricht."

„Weder das Eine noch das Andere," meinte ein Dritter, „es ist einfach dieser ausgezeichnete Rebensaft von Burgund, der unsern stillen Freund so gesprächig macht."

„Oder sollte er etwa verliebt sein," sagte der Dragoner, „das wäre ja das Allermerkwürdigste, das man erleben könnte, — er, der bis jetzt gar keine Augen für ein weibliches Wesen zu haben schien und nur seinen Studien gelebt hat."

„Ja, ja," rief der Lieutenant von Büchenfeld laut lachend, „Du hast es getroffen, ich bin verliebt. Das ist doch wahrlich werth," sagte er, ein neues Glas herunterstürzend, „aus seiner gewohnten Ruhe herauszutreten. Nein, nein," fuhr er dann mit schneidendem Hohn fort, „wenn ich verliebt wäre, dann wäre mir doch wirklich besser, daß ich mich auf ein Pulverfaß setzte und in die Luft sprengte. Denn was ist die Liebe?" sagte er plötzlich düster; — „die unwürdige Fessel, welche den Willen, den Muth und die Kraft eines Mannes an die flüchtige Laune einer Frau kettet und den hohen Flug edler Seelen herabzieht in den Staub und sie zum Spott Derer werden läßt, die sie nicht begreifen können!"

Immer lauter, immer lustiger wurde die Unterhaltung; immer höher glühten die Wangen des Herrn von Büchenfeld, und bereits begannen seine Freunde mit einiger Besorgniß zuzusehen, wie er fortwährend sein Glas füllte, um es augenblicklich wieder zu leeren.

Es war dunkel geworden, die Gasflammen waren angezündet. Einige einzelne Herren hatten an kleinen Tischen in dem vordern Theil des Zimmers Platz genommen, in dessen Hintergrunde die jungen Officiere sich befanden.

Der Referendar von Rantow trat herein, ließ durch sein Lorgnon den Blick durch das große Zimmer gleiten und näherte sich dann der Gruppe der Officiere, die ihm sämmtlich bekannt waren. Er wurde von Allen freundlich begrüßt, rasch reichte man ihm einen gefüllten Kelch und stellte einen Sessel für ihn in den Kreis der Uebrigen.

Der Lieutenant von Büchenfeld war in die Ecke eines Divans zurückgesunken, sein etwas starrer Blick ruhte mit unbeschreiblichem Ausdruck auf dem Baron von Rantow, ein verächtliches Lächeln zuckte um seine Lippen.

„Sieh da, Büchenfeld," sagte der Referendarius, ihm freundlich zunickend, „ist Deine Dienstzeit zu Ende? Du warst vorhin ja so wild und unzugänglich nicht nur gegen mich, sondern auch gegen eine Dame, die Dich rief und gern mit Dir sprechen wollte, — das war nicht höflich."

„Ihm muß überhaupt etwas ganz Außerordentliches passirt sein," sagte der Husarenofficier, — „er ist heute in einer Laune, wie ich ihn noch nie gesehen habe. Sehr amüsant freilich, aber ich möchte ihn so nicht in fremde Gesellschaft gehen lassen, sonst könnte wohl morgen Einer von uns das Vergnügen haben, ihm zu secundiren."

Herr von Büchenfeld warf dem Sprechenden einen flüchtigen Blick zu, stürzte abermals ein Glas hinunter und sagte mit etwas unsicherer Stimme:

„Das würde nicht zu besorgen sein, — ich bin im

Gegentheil in sehr friedlicher Stimmung, — sehr friedlich — und sehr vergnügt. — Du hast Recht, mir ist etwas sehr Gutes, ein großes Glück widerfahren, ich bin einer großen Gefahr entronnen, — ich stand im Begriff einen tiefen Fall zu thun, — einen tiefen, tiefen Fall," sagte er mit dumpfem, allmälig immer leiser und leiser verklingendem Ton; — dann sank sein Haupt auf die Brust nieder, er schwieg und schien nun in Gedanken seinen Satz zu beenden.

Die Officiere wechselten bedeutungsvolle Blicke unter einander.

„Ich fürchtete schon," sagte Herr von Rantow lächelnd, „daß Du mir böse sein würdest, und daß ich die Ursache Deines schnellen Fortlaufens gewesen sei. Ich habe neulich schon so Etwas bemerkt, — sollten wir Nebenbuhler sein? Das wäre nicht hübsch," fügte er hinzu, „gute Freunde müssen sich über so Etwas verständigen."

„Nebenbuhler?" riefen die Officiere neugierig, — „so haben wir doch
Recht, so ist er doch verliebt. Es mußte ja auch etwas ganz Außerordentliches sein, was ihn so verändern konnte."

Herr von Büchenfeld richtete langsam den Kopf empor, seine müden geschlossenen Augen öffneten sich weit und blickten mit sonderbarem Ausdruck im Kreise umher.

„Nebenbuhler," rief er dann mit lautem Lachen, sich zu Herrn von Rantow wendend, „wären wir jemals Nebenbuhler gewesen, jetzt kannst Du ganz ruhig sein, ich trete Dir wahrhaftig nicht in den Weg. Ich schätze dieses kindische Gefühl, das man die Liebe nennt, nach ihrem wahren Werth; und ihr Werth ist sehr gering," fügte er achselzuckend hinzu, — „über Dergleichen dürfen sich Männer nicht entzweien. Wahrlich," fuhr er mit einer

Stimme fort, die bald hoch anschwoll, die bald wieder zu leisem Ton herabsank, „stände hier eine Roulette zwischen uns, ich würde kaum einen Louisd'or gegen alle Liebeshoffnungen und Liebesansprüche der Welt setzen."

„Das ist ein guter Gedanke," rief der Dragoneroffizier, der ebenso wie die ganze Gesellschaft sich bereits unter dem Einfluß der Wirkung des feurigen Weines befand, „ein guter Gedanke, wenn Ihr Nebenbuhler seid, setzt Eure Chancen gegen einander. Das ist ein viel besserer Weg, zur Klarheit zu kommen, als sich die Hälse zu brechen. Eine Roulette ist nicht hier, spielt eine Partie Ecarté um Eure Schöne —"

„Vortrefflich, vortrefflich!" riefen die Andern jubelnd, — „ein ausgezeichneter Gedanke!"

„Unglück im Spiel, Glück in der Liebe!" rief der Husarenofficier.

„Wer das Spiel gewinnt, muß seine Liebesansprüche aufgeben —"

„Warum nicht," rief Herr von Büchenfeld, dessen Blicke sich immer verschleierten, „gebt die Karten her!"

Herr von Rantow schien ein wenig verlegen zu sein, er wollte einige
Bemerkungen machen, die Uebrigen ließen ihn nicht zu Worte kommen.

Bereits hatte Einer von ihnen zwei Spiele Ecartékarten gebracht, man räumte eine Ecke des Tisches vor Herrn von Büchenfeld leer und zog Herrn von Rantow zu dem jungen Officier hin.

„Ich setze hundert Louisd'or," sagte dieser, indem er den Blick forschend auf Herrn von Büchenfeld richtete, wie es schien in der Hoffnung, durch diesen hohen Einsatz den jungen Mann zum Nachdenken zu bringen.

„Ich nehme an," sagte dieser, starr vor sich hinblickend, und schnell leerte er noch ein Glas.

„Wer gewinnt," rief der Dragonerofficier, „zahlt also hundert Louisd'or und hat das alleinige Recht der Dame, um die es sich handelt, die Cour zu machen. Der Andere darf auf sein Ehrenwort nie wieder mit ihr sprechen."

Fragend blickte Herr von Rantow, welcher die Karten noch immer nicht ergriffen hatte, auf Herrn von Büchenfeld.

„Angenommen," sagte Dieser, griff mit einer etwas unsicheren Bewegung nach dem Spiel und hob ab.

„Drei," sagte Herr von Rantow, — dann coupirte und zeigte ein Aß.

„Du giebst," sagte der Lieutenant immer in demselben dumpfen Ton.

Das Spiel begann. In rascher Folge legte Herr von Rantow mehrere Male den König auf, und nach wenigen Abzügen hatte er die Partie gewonnen.

Höhnisch lachte Herr von Büchenfeld laut auf.

„Du hast das schöne Fräulein Cohnheim gewonnen!" rief er, die Karten durcheinander werfend, — „ich gratulire Dir!" — er sank auf seinen Stuhl zurück, sein Haupt fiel müde auf die Brust nieder.

Herr von Rantow zuckte zusammen.

Trotz der mehr als heiteren Stimmung, die in dem ganzen Kreise herrschte, trat ein tiefes Schweigen ein. Die Officiere sahen sich mit verlegenen Blicken an.

„Ich habe gewonnen, nach der Verabredung muß ich den Einsatz bezahlen," sagte Herr von Rantow mit einer Miene, welche ausdrückte, daß er dieser peinlichen Scene so schnell als möglich ein Ende machen wollte.

Er zog einige Goldstücke aus seinem Portemonnaie, fügte aus seinem Portefeuille einige Bankbillets dazu, legte das Geld vor Herrn von Büchenfeld auf den Tisch und erhob sich.

Der Lieutenant von Büchenfeld richtete den Kopf auf, streckte die Hand aus und streute das Geld auf dem Tisch umher.

„Der Einsatz ist zu hoch," sagte er mit rauher Stimme in abgebrochenen Worten, „Du bist betrogen, der Gegenstand ist so hohen Spiels nicht werth, ich kann das nicht annehmen."

Und abermals sank er in seinen Stuhl zurück, seine Augen schlossen sich, sein Haupt fiel matt gegen die Lehne.

Rasch wurde an einem der Seitentische ein Stuhl zurückgeschoben. Einer der dort sitzenden Herren erhob sich, ergriff seinen Hut und rief den Kellner. Herr von Rantow blickte hin und erkannte den Commerzienrath, der Alles mit angehört hatte.

„Wie peinlich, wie unangenehm," sagte er, während die ernst gewordenen Officiere schweigend um ihn her standen.

„Meine Herren," fuhr er fort, „ich glaube nicht, daß es möglich ist, mit Herrn von Büchenfeld heute noch ein Wort zu sprechen. Sie werden ihm einen großen Dienst leisten, wenn Sie dafür sorgen, daß er so bald wie möglich nach Hause zurückkehrt. Leben Sie wohl, morgen wollen wir weiter darüber reden."

Und schnell ging er dem Commerzienrath nach, welcher bereits seine
Rechnung bezahlt und das Zimmer verlassen hatte.

Die heitere und übermüthige Weinlaune der Officiere war verschwunden, sie Alle fühlten, daß hier etwas Ernstes sich vollzogen habe, das schwere Folgen nach sich ziehen müsse.

Sie brachen auf, der Lieutenant von Büchenfeld ließ sich ruhig und ohne weiter ein Wort zu sprechen nach einer herbeigeholten Droschke führen. Zwei seiner Kameraden begleiteten ihn nach Hause und erzählten dem alten Oberstlieutenant, daß sein Sohn in einer kleinen Gesellschaft ein wenig von der allgemeinen Heiterkeit mit fortgerissen sei.

Der alte Herr lächelte ganz vergnügt darüber und freute sich im Stillen, daß die jugendliche Lebenslust bei seinem Sohne einmal den Sieg über seine Neigung zu einsamem Grübeln davon getragen habe.

Fünftes Capitel.

Fräulein Anna war in einem Sturm widersprechender Gefühle nach Hause zurückgekehrt, sie hatte in das Verhältniß zu ihrem Geliebten Licht und Klarheit bringen wollen, statt dessen war durch ein unglückseliges und verhängnißvolles Zusammentreffen der Umstände eine neue und noch größere Verwirrung entstanden.

Unmuthig warf sie ihren Hut von sich und riß hastig die Handschuhe von den zitternden Händen.

„Welch ein unglückseliges Zusammentreffen," rief sie heftig, „ich hätte daran denken sollen. Aber wie ist es möglich, daß er mich nicht einmal anhören wollte. Einige Worte hätten Alles aufgeklärt. Es ist ja schon ganz widersinnig, daß er von einer so eifersüchtigen Leidenschaft erfaßt werden kann, nachdem ich ihm gestern geschrieben."

Sie warf sich auf ihren Divan und blickte in rathloser Unschlüssigkeit zu der Decke des Zimmers empor. Sie zürnte sich selbst, sie zürnte ihrem Geliebten, der so hart und rücksichtslos ihr jede Erklärung abgeschnitten hatte, vor Allem aber zürnte sie dem Herrn von Rantow, welcher so unberufen und störend in ihre Combinationen eingegriffen hatte.

„Es ist unerhört," rief sie, „wenn er mir zutrauen kann, daß ich mit dem jungen Baron in irgend welchen Beziehungen stände — aber," fuhr sie fort, „sein Charakter ist so mißtrauisch, er ist so geneigt, Alles schwarz zu sehen. Es ist unmöglich, eine andere Erklärung für sein Benehmen zu finden. Was soll ich thun? — Ihm noch einmal schreiben? — Er würde mir nicht glauben! Er würde nicht noch einmal zu mir kommen, nachdem er im Stande gewesen, trotz meiner Bitte, trotz der Bekümmerniß und der Unruhe, die er in meinen Blicken hat lesen müssen, mir das Gehör zu versagen!

Er ist hart wie Stein," rief sie, in heftiger Erregung die Bandschleifen ihres Kleides zerknitternd, „aber gerade darum liebe ich ihn! Er ist nicht wie all' die andern jungen Herren, die weich und elastisch wie Gummi sich hin und her ziehen lassen; hinter dieser harten Schale liegt ein edler und weicher Kern. Aber wie zu ihm gelangen? Wie den Weg finden zu diesem mit siebenfachem Erz umgürteten Herzen?"

Sie dachte lange nach. In fieberhafter Unruhe bildete sie Pläne auf
Pläne, um sie alle wieder zu verwerfen.

„Es giebt nur einen Weg," rief sie endlich mit festem entschlossenen Ton, „Licht in all dieses Dunkel zu bringen. Ich will mit meinem Vater sprechen. Er kann," fügte sie unwillkürlich lächelnd hinzu, „meinen ernsten Bitten auf die Dauer nicht widerstehen. Er muß es übernehmen, diesem unerbittlichen Stolz Genugthuung zu geben. Er wird mir das Glück meines Lebens nicht versagen, wenn er sich auch mit anderen Plänen tragen sollte."

Dieser Entschluß schien sie zu beruhigen; nachdem sie noch längere Zeit über die Ausführung desselben nachgedacht hatte, ging sie in den Salon ihrer Eltern, wo ihre Mutter sie bereits am Theetisch erwartete.

Die Frau Commerzienräthin ergriff abermals die Gelegenheit, ihrer Tochter eine kleine Vorlesung darüber zu halten, was sie der Stellung ihres Vaters schuldig sei, und wie sie ihrerseits stets daran denke, für sie eine passende Verbindung zu finden, so müsse auch Anna darauf bedacht sein, in ihrem Verkehr mit der jungen Herrenwelt nur solchen Personen eine Annäherung zu erlauben, welche durch ihr Vermögen und ihre gesellschaftliche Stellung im Stande wären, sich in die Reihe der Bewerber um die Tochter des großen Finanzmannes zu stellen, welcher bestimmt sei, noch weit höhere Stufen auf der Leiter der Gesellschaft zu ersteigen.

Fräulein Anna hörte schweigend die Auseinandersetzungen

ihrer Mutter an, an welche sie sich seit einiger Zeit als etwas Unabänderliches gewöhnt hatte, und welche ihr, da sie darauf zu erwidern nicht für nöthig hielt, die erwünschte Gelegenheit gaben, ihren Gedanken nachzuhängen.

Dies tête-à-tête zwischen Tochter und Mutter hatte bereits längere Zeit gedauert, als der Commerzienrath in großer Aufregung in das Zimmer trat. Er vergaß, was er sonst stets mit einer etwas forcirten Galanterie zu thun pflegte, seiner Frau die Hand zu küssen, und beachtete auch den freundlichen Gruß seiner Tochter kaum, welche ihm entgegen gegangen war und ihm Hut und Stock abgenommen hatte. Er ging mit kurzen unruhigen Schritten auf und ab, bewegte die Hände in lebhaften Gesticulationen und flüsterte abgebrochene Worte vor sich hin.

Erstaunt sah ihm die Commerzienräthin eine Zeit lang zu, dann sagte sie in etwas vorwurfsvollem Ton, in dem sich jedoch ein Anklang unruhiger Besorgniß beimischte:

„Du scheinst unsere Gesellschaft nicht zu beachten und vollständig in Deinen geschäftlichen Combinationen vertieft zu sein. Vielleicht wäre es besser, die Berechnungen über Deine Geschäfte in Deinem Zimmer vorzunehmen und hier Dich ein wenig der Unterhaltung mit Deiner Familie zu widmen — oder," fuhr sie fort, „hast Du so peinliche und unangenehme Nachrichten erhalten, daß Dich ernste Sorgen selbst hierher verfolgen?"

„Es ist unerhört," sprach der Commerzienrath halb zu sich selber, „es ist eine sehr unangenehme Geschichte, — es waren noch verschiedene Personen dabei; morgen wird vielleicht ganz Berlin davon sprechen! Was kann man thun? Wie kann man dem Scandal vorbeugen?"

„Aber ich bitte Dich," sagte die Commerzienräthin, welche jetzt ernstlich beunruhigt zu sein schien, „so sage uns doch endlich, was Dich so aufregt — wovon kann morgen ganz Berlin sprechen? Deine Unternehmungen und Deine financielle Stellung sind doch nicht auf den Zufall begründet? Es kann doch keine Katastrophe Dein Haus und Dein Geschäft vernichtend treffen?"

„Haus und Geschäft," rief der Commerzienrath achselzuckend, indem er noch immer unruhig und hastig auf- und niederschritt, „das kommt nicht in Betracht — aber meine gesellschaftliche Stellung, der Name meiner Tochter — was wird man dazu sagen? Wie werden alle meine Feinde mich verhöhnen!"

Jetzt wurde auch Fräulein Anna aufmerksam.

„Du hast von mir gesprochen, lieber Papa," sagte sie. „Ich bitte Dich, was giebt es — so erzähle uns doch."

„Ich muß Dich jetzt sehr ernstlich bitten," sagte die Commerzienräthin im strengen Ton, „uns mitzutheilen, was Dich so sehr in Unruhe versetzt, denn nach Deinen letzten Worten geht es mich doch ebenso sehr an als Dich, ja vielleicht mehr, denn unsere gesellschaftliche Stellung aufrecht zu erhalten," sagte sie, den Kopf erhebend, „und über den Ruf meiner Tochter zu wachen, das ist doch vorzugsweise meine Aufgabe."

„Was es giebt," rief der Commerzienrath, indem er an den Theetisch herantrat, — „etwas sehr Unangenehmes, etwas sehr Böses, meine Tochter ist beleidigt, — öffentlich beleidigt, verhöhnt im Restaurationszimmer bei Borchard vor einer Menge von Officieren, vor verschiedenen unbekannten Herren, welche die Geschichte natürlich so schnell als möglich weiter tragen werden. Wie werden alle meine Feinde triumphiren, welche mich schon so lange beneidet haben und gewiß so sehnlich wünschen, endlich einmal Gelegenheit zu finden, um sich an mir rächen zu können."

„Was ist geschehen," fragte jetzt auch Fräulein Anna ernst und dringend, „wer hat mich beleidigt und wie? Ich muß es wissen."

„Wer?" sagte der Commerzienrath, „Du wirst ihn kaum kennen, ein ganz unbedeutender, junger Officier von irgend einem Linienregiment, dem ich die Ehre erwiesen habe, ihn in mein Haus einzuladen, eigentlich nur, weil ich ihn bei meinem Freunde, dem Baron von Rantow, einmal begegnete, ein kleiner Lieutenant von Büchenfeld."

Anna wurde bleich wie der Tod, ihre großen Augen starrten mit entsetztem
Ausdruck auf ihren Vater. Sie stützte die Hand auf den Tisch, ihre ganze
Gestalt schwankte unsicher hin und her.

„Lieutenant von Büchenfeld," sprach sie leise mit fast tonloser Stimme, während ihre Mutter einen schnellen forschenden Blick auf sie warf, indem ein leichtes höhnisches Lächeln um ihren hochmüthig aufgeworfenen Mund zuckte.

„Er war," sprach der Commerzienrath eifrig, — „Du mußt es ja doch wissen, damit Du danach Dein Benehmen einrichten kannst, — er war in Gesellschaft mehrerer Officiere und schien mir schon, als ich in das Zimmer trat und von Jenen unbemerkt in der Nähe an einem Tische Platz nahm, um eine kleine Erfrischung zu mir zu nehmen, sehr aufgeregt, — die Herren mochten wohl schon lange bei einander gesessen und viel getrunken haben. Der junge Herr von

Rantow kam ebenfalls zu ihnen, und es fielen zwischen ihm und Herrn von Büchenfeld einige anzügliche Redensarten von Nebenbuhlerschaft, von einer Dame und so weiter, auf die ich nicht besonders Acht gab. Der Lieutenant von Büchenfeld machte einige sehr wegwerfende Bemerkungen über die fragliche Dame und sagte, er würde ihre Liebe im Ecarté gegen einen Louisd'or versetzen. Die heitere Gesellschaft griff diesen Gedanken auf, man brachte Karten, Herr von Rantow, der ein vortrefflicher Cavalier ist, gab sich die größte Mühe, das Spiel zu verhindern und schien nur darauf einzugehen, um in der sehr erregten Gesellschaft nicht noch größeren Eclat herbeizuführen. Herr von Büchenfeld, welcher kaum noch seiner Sinne mächtig schien, verspielte das Recht seiner Bewerbung um die fragliche Dame gegen hundert Louisd'or, — ich ahnte noch immer nichts Böses, — dann warf er die Karten mit den lauten Worten hin: — Du hast das schöne Fräulein Cohnheim gewonnen, ich wünsche Dir Glück dazu, aber der Einsatz ist zu hoch, ich kann ihn nicht annehmen. — Ich war wie vom Schlage getroffen, ich wußte kaum, was ich sagen und was ich thun sollte, nur mit Mühe behielt ich die Fassung, um mit einigem Anstand das Zimmer zu verlassen."

Anna schwankte wie gebrochen zu einem Sessel und sank auf denselben nieder, das Gesicht mit den Händen bedeckend und krampfhaft schluchzend. Der Commerzienrath eilte zu ihr hin und streichelte mit besorgter Miene ihr schönes glänzendes Haar.

„Ja, es ist schrecklich, mein armes Kind, so ganz unschuldig beleidigt und gekränkt zu werden. Aber tröste Dich, rege Dich nicht zu sehr auf. Verschweigen konnte ich es ihr ja doch nicht," sagte er, zu seiner Frau gewendet, „sie mußte es ja doch erfahren."

„Das kommt davon," sagte die Commerzienräthin, indem sie mit kaltem strengem Blick zu ihrer Tochter hinübersah, „wenn man nicht vorsichtig in der Auswahl der Personen ist, die man in seiner Gesellschaft zuläßt, — der Lieutenant von Büchenfeld, glaube ich, war der junge, mir unbekannte Officier, mit welchem Du neulich den Cotillon tanztest, den Du Herrn von Rantow abgeschlagen hattest, das kommt davon; solche Leute setzen sich dann Dinge in den Kopf, fassen Hoffnungen, und da ihnen der Takt der vornehmen Gesellschaft mangelt, so begehen sie schließlich irgend eine Niedrigkeit zum Dank für Wohlwollen und Freundlichkeit."

„O, wie wäre es möglich gewesen," rief Fräulein Anna, ohne die Worte ihrer Mutter zu beachten und nur mit ihren eigenen Gedanken beschäftigt, „wie wäre es möglich gewesen, so Etwas zu denken, an eine solche Schlechtigkeit und Erbärmlichkeit zu glauben, — und das, nachdem —" sie bedeckte abermals das Gesicht mit den Händen und sank still weinend in sich zusammen.

„Nun, mein Kind," sagte der alte Commerzienrath, den die heftige Erregung seiner Tochter tief zu beunruhigen begann, „so übermäßig ernsthaft muß man die Sache auch nicht nehmen. Es läßt sich immer noch ein Weg finden, das Alles auszugleichen, und vielleicht ein sehr guter, ein sehr ehrenvoller Weg. Ich bin," fuhr er fort, „mit dem Herrn von Rantow nach Hause gegangen, welcher mir gleich nachfolgte, als ich das Lokal verlassen hatte. Wir haben ein sehr ernstes Gespräch mit einander geführt, das sich auf den Fall bezog, und das ich Dir eigentlich erst morgen mittheilen wollte," sprach er weiter, — „indeß, da ich mich nun einmal habe hinreißen lassen, die ganze Sache zu erzählen, so ist es besser, wenn wir darüber auch heute gleich sprechen."

Fräulein Anna blickte erwartungsvoll ihren Vater an, der einige Male rasch im Zimmer auf- und niederging; dann vor einem Tische stehen bleibend und mit einem schnellen Seitenblicke auf seine Frau, welche sich in einen Lehnstuhl gesetzt hatte und grade aufgerichtet, mit strenger Miene die weitere Entwickelung dieser Scene erwartete, begann er, eine gewisse würdevolle Wichtigkeit in seinen Ton legend:

„Der junge Herr von Rantow, der ein ganz vortrefflicher Cavalier ist, und der ganz genau weiß, was in der großen Welt und in der feinsten Gesellschaft sich schickt und paßt —"

„Besser als andere Leute," fiel die Commerzienräthin ein, „welche sich in die Gesellschaft eindrängen, und welche man nie hätte aufnehmen sollen —"

„Der Herr von Rantow," fuhr der Commerzienrath fort, indem er die Brust hervorstreckte und versuchte, durch einen imponirenden Blick die Zwischenreden seiner Frau abzuschneiden, „hat mir gesagt, wie leid es ihm thäte, daß diese Scene stattgefunden habe, — er habe alles Mögliche gethan, um sie zu vermeiden, und habe es schließlich für das Beste gehalten, auf den Scherz der aufgeregten Gesellschaft einzugehen, um so schnell als möglich von der ganzen Sache abzukommen. Er habe natürlich nicht im Entferntesten ahnen können, daß der Herr von Büchenfeld in so unglaublicher Weise den Namen einer Dame unter solchen Umgebungen und solchen Verhältnissen nennen würde. Nachdem das vorgefallen, hat er mir gesagt," fuhr der Commerzienrath mit etwas gedämpfter Stimme fort, „werde ihm Nichts übrig bleiben können, als für die Ehre der Dame, die in seiner Gegenwart und in Beziehungen auf ihn so unerhört beleidigt sei, persönlich einzutreten."

Die Commerzienräthin lehnte sich steif zurück, indem ein befriedigtes
Lächeln auf ihrem Gesicht erschien.

Anna richtete flammenden Blickes den Kopf empor.

„Warum bedarf es eines fremden Armes, um uns zu vertheidigen, — oh," fuhr sie fort, indem ihre Lippen bebten und ihre Hände sich krampfhaft verschlangen, „warum ist man wehrlos gegen solche Niedrigkeit und Erbärmlichkeit?"

„Du bist nicht wehrlos, mein Kind," sagte der Commerzienrath, indem er zu ihr herantrat und ihr leicht mit der Hand über den Kopf strich, „der junge Herr von Rantow wird morgen schon, wenn dieser Lieutenant von Büchenfeld wieder für vernünftige Worte zugänglich ist, ihn zu einer öffentlichen und bestimmten Ehrenerklärung auffordern, und, wenn er sich weigert, so wird er ihn zwingen," sagte er mit stolzem und wichtigem Ausdruck, „ihm mit den Waffen in der Hand Rechenschaft zu geben."

„Damit er womöglich noch verwundet oder erschossen wird," rief Fräulein Anna, verächtlich die Achseln zuckend, „und ich noch mehr der Gegenstand des öffentlichen Gespräches und des öffentlichen Spottes werde."

„Des Spottes niemals, mein Kind," sagte die Commerzienräthin mit einem ruhigen kalten Ton, „wenn ein Cavalier wie Herr von Rantow zu Deiner Vertheidigung auftritt, so wird es Niemand wagen, Dich zu verspotten."

„Nun," rief Anna, „mag es sein, wie es will, ich bin Herrn von Rantow dankbar, daß er mich in Schutz nimmt gegen diese elende, niedrige Beleidigung, ich bin, weiß Gott, unschuldig an dem, was daraus entstehen kann."

„Herr von Rantow hat sich benommen als ein ganz vortrefflicher junger Mann von der besten Erziehung und dem feinsten Gefühl. Er hat mir weiter gesagt, daß es für eine junge Dame immer peinlich sei und unangenehm, wenn zwei Herren ihretwegen eine Ehrensache miteinander hätten, und wenn sie namentlich von Jemand vertheidigt werden müßte, der in keinen weiteren Beziehungen zu ihr stände — das brächte sie immer in eine schiefe Stellung dem

Publikum gegenüber und gebe Anlaß zu allen möglichen Voraussetzungen und Gesprächen. Er habe nun, — hat er mir weiter gesagt, — schon seit längerer Zeit den Wunsch in sich getragen, in nähere Beziehung mit meiner Familie zu treten, nachdem sein Vater mit mir so nahe geschäftliche Verbindungen eingegangen sei und unsere Interessen auf Jahre hinaus sich verbunden hätten. Er habe Dir, mein Kind, aber erst Gelegenheit geben wollen, ihn genauer kennen zu lernen, bevor er es habe wagen wollen, bei mir um Deine Hand anzuhalten. Dieses zufällige und plötzliche, so unangenehme Ereigniß aber mache ihm den Muth und lege ihm fast die Pflicht auf, jetzt mit seinen Wünschen hervorzutreten. Man werde über die Sache viel sprechen und wenn er zu einem Rencontre mit Herrn von Büchenfeld gezwungen werden sollte, so werde die Welt seinen Namen ohnehin mit dem Deinigen in Verbindung bringen. Wenn Du deshalb nach Deiner kurzen Bekanntschaft mit ihm Dich entschließen könntest, ihm Dein Leben und Deine Zukunft anzuvertrauen, so glaubt er, daß Alles sich besser gestalten und allen peinlichen Erörterungen die Spitze abgebrochen werden könne, da er dann auch vollkommen berufen und berechtigt sei, für Dich gegen Deinen Beleidiger aufzutreten."

„Der junge Mann," sagte die Commerzienräthin, „hat wirklich ein feines und richtiges Gefühl, und ich theile ganz seine Ansicht, daß unter diesen Verhältnissen eine schnelle Erledigung einer Sache, die uns ja nicht ganz unerwartet kommt, am besten sei."

„Das ist ja ganz wie in alten Ritterromanen," sagte Anna mit schneidendem Hohn, „der Baron von Rantow will sich seine Dame mit dem Degen in der Hand erobern — aber" fuhr sie fort „das ist doch wenigstens ritterlicher Sinn, wenigstens ist es wahrlich besser, als auf so plumpe Weise ein wehrloses Mädchen zu beleidigen. Wenn Herr von Rantow diesen Preis für seine Vertheidigung verlangt, — so soll er ihn haben — er ist ja eine vortreffliche Partie" fuhr sie bitter fort, „und ich muß ja glücklich sein, daß ich aus dieser ganzen traurigen Geschichte noch mit einem so guten Abschluß davon komme. Sage dem Baron," sprach sie in kaltem Ton zu ihrem Vater gewendet, „daß ich seine Bewerbung annehme, da er so muthig und selbstverleugnend meine Vertheidigung übernommen hat."

Mit befriedigtem Ausdruck neigte die Commerzienräthin den Kopf.

Herr Cohnheim eilte auf seine Tochter zu und küßte sie zärtlich auf die
Stirn. Anna stand auf.

„Doch muß ich," sprach sie, „bitten, daß er mich einige Tage von seinen Besuchen dispensirt. Diese ganze Sache hat mich natürlich angegriffen und aufgeregt, und ich wünsche, mich zu sammeln. Auch bin ich nicht im Stande ihn zu sehen, bevor diese Angelegenheit mit Herrn von Büchenfeld" — sie sprach diesen Namen mit unendlicher Verachtung aus — „geordnet ist, ich kann doch unmöglich meinen künftigen Gemahl selbst in den Kampf mit seinem Gegner schicken."

Ohne eine Antwort abzuwarten, verließ sie schnell das Zimmer.

„Ich bin sehr erfreut," sagte die Commerzienräthin, „daß diese so äußerst unangenehme Sache doch einen so befriedigenden Ausgang nimmt. Ich fürchtete schon, daß die romantischen Grillen, zu welchen Anna so viel Neigung zeigt, unsern Plänen Schwierigkeiten entgegenstellen würden. So wird sich ja aber Alles ganz vortrefflich ordnen, und wenn sie, wie ich einen Augenblick besorgte, eine thörichte Neigung für diesen jungen unbedeutenden Officier gehabt haben sollte, so ist ja jetzt Alles auf's Beste geordnet. Hoffentlich wird auch die Affaire keine ernsten Folgen haben," fügte sie nachlässig hinzu.

„So etwas kommt ja so oft zwischen diesen jungen Herren vor," sagte der Commerzienrath, „und wie selten hört man, daß es wirklich lebensgefährlich wird. Es läßt sich ja auch jetzt gar nicht ändern, und wir müssen das Beste hoffen. Ich glaube übrigens nicht," fügte er hinzu, „daß dieser junge Büchenfeld es wirklich zum Äußersten kommen lassen wird. Die anderen Officiere schienen mir ebenfalls durch sein Betragen sehr unangenehm berührt, ich glaube, daß die Sache mit einer Ehrenerklärung erledigt werden wird — der alte Herr von Rantow ist, so viel ich weiß, ein Freund von dem Vater des Lieutenants und wird ebenfalls darauf hinwirken können. Damit ist ja denn Alles gut, und alle boshaften Gespräche über uns und unsere Tochter, welche dieser Vorfall hervorrufen wird, werden auf der Stelle niederschlagen, wenn wir ihre Verlobung mit Herrn von Rantow sogleich proclamiren."

Er setzte sich behaglich in seinen Lehnstuhl und nahm eine Tasse Thee.

Noch lange saß das Ehepaar beisammen, Pläne für die Zukunft besprechend, welche sich durch die Verbindung mit dem vornehmen Hause so glänzend gestalten würden.

Fräulein Anna war ruhig und gefaßt in ihr Zimmer gegangen, als sie die Thür hinter sich geschlossen, sank sie wie gebrochen in sich zusammen, — lange stand sie schweigend, die Hände in einander gefaltet, die Blicke starr auf den Boden geheftet.

„Wie schnell," sprach sie mit dumpfer Stimme, „sind die

Träume verflogen, die mich hier gestern noch so süß umgaukelten, wie schnell sind all die Liebesblüthen meines Herzens geknickt, aus denen ich einen reichen Kranz für mein Leben zu winden hoffte."

Sie blickte um sich her, als ob ihr der gewohnte Raum, in dem sie sich befand, fremd sei, als ob sie ihre Gedanken sammeln müsse, um sich klar zu werden, wo sie sich befände, und was mit ihr vorgegangen sei. Dann zuckte wieder glühender Zorn über ihr Gesicht.

„Oh, daß es so enden muß! Hätte ich ihn verloren, hätte sich selbst seine Liebe von mir abgewendet, es wäre ein edler Schmerz gewesen, ein Schmerz, der die Seele hätte beugen, aber nicht erniedrigen können. Aber das Bewußtsein, daß ich das edelste und reinste Gefühl meines Herzens unwürdig weggeworfen habe, daß ich der Gegenstand des Spottes, des Hohnes, der Verachtung habe sein können, — und warum?" — rief sie, die Hände ringend, — „weil ich einen Schritt gethan habe, der nicht gewöhnlich ist, weil ich mich vor seinem Stolz habe demüthigen wollen, weil ich geglaubt habe, daß er einen solchen Schritt verstehen und würdigen könne. Oh, das ist hart, sehr hart! Ich kann alle meine Hoffnungen auf Lebensglück vergessen, ich werde es zu tragen wissen, wie so viele Frauen eine glänzende Existenz führen, beneidet von der Menge, aber kalt und öde in ihrem Innern. Aber das werde ich nie überwinden, daß meine Liebe verachtet, verhöhnt und mit Füßen getreten ist, daß Der, dem ich den letzten Tropfen meines Blutes hätte opfern mögen, mich öffentlich hat beleidigen können zum Ergötzen seiner Kameraden in ihrer Weinlaune."

Mit einer raschen Bewegung trat sie an einen kleinen Tisch von antik
geschnitztem Eichenholz und öffnete mit einem zierlichen goldenen

Schlüssel, den sie an ihrer venetianischen Uhrkette trug, eine mit
Elfenbein und Gold incrustrirte Cassette.

„Da liegen die Reliquien meiner Träume," sprach sie mit dumpfem traurigem Ton, aus ihren großem brennenden Augen fiel eine Thräne auf den Inhalt des kleinen Kästchens.

„Hier ist das erste Bouquet, das er mir gegeben," sagte sie leise, indem sie einen kleinen vertrockneten Blumenstrauß emporhob, „vertrocknet wie diese Blumen sind meine Gefühle, welche gestern noch so schön und hoffnungsreich erblühten, — wie oft haben meine Lippen auf diesen Blumen geruht! Vorbei! Vorbei!"

Und wie vor der Berührung des kleinen Bouquets zurückschaudernd, warf sie dasselbe mit einer raschen Wendung in den Kamin, dessen Feuer langsam in Kohlengluth zusammenzusinken begann. Die trockenen Blumen flammten hoch auf und blieben dann als ein Häuflein dunkler Asche auf den glühenden Kohlen liegen.

Sie preßte die Hände auf ihr Herz und sah starr diesem Zerstörungswerk zu. Dann nahm sie den ganzen übrigen Inhalt der Cassette, ebenfalls kleine Bouquets, mehr oder weniger verwelkt, verschiedene andere Cotillongeschenke und warf Alles in die Gluth, welche einen Augenblick aufflackernd, mit hellem Schein das Zimmer erhellte.

„Die Vergangenheit ist vorbei," sagte sie schmerzlich, „meine Zukunft wird wie diese Kohlen mehr und mehr Licht und Wärme verlieren, bis endlich Alles in todte Asche zusammensinkt. Oh, könnte ich mein Herz ebenfalls zu Asche werden lassen! Aber wenn auch seine Liebe gestorben ist, für das Leiden wird es immer noch Gefühle der Empfindung behalten."

Sie sank auf ihren Divan nieder, drückte den Kopf in die Hände, und ihr starrer Jammer löste sich in einem Strom wohltätiger Thränen. —

— Auch der Lieutenant von Büchenfeld hatte fast in starrer Bewußtlosigkeit die Nacht zugebracht. Seine heftige, innere Erregung, die unnatürliche Spannung aller seiner Gefühle, und die Wirkung des schweren Weines hatten ihn bis zum Morgen in einem Zustand gehalten, welcher weder Schlaf noch Wachen war, und in welchem die Bilder der Erinnerungen wild durch einander wogten, ohne sich selbst auch nur in den unklaren Gestalten des Traumes festhalten zu lassen.

Langsam erwachte er aus diesem lethargischen Zustande am andern Morgen, und allmälig begann es ihm mehr und mehr klar zu werden, was am Tage vorher mit ihm vorgegangen. Das erste Gefühl, dessen er sich vollkommen bewußt wurde, war ein tiefer, bitterer Schmerz über die Täuschung seiner Liebe, welche trotz seines lange gefaßten Entschlusses gestern bei der Botschaft seiner Geliebten wieder einen Augenblick mit frischen Hoffnungen sich bekränzt hatte.

„Warum hat sie mir nicht gleich Alles geschrieben," flüsterte er, ohne von seinem Lager sich zu erheben — „oder warum ist sie nicht allein gekommen, warum hat sie mir in Gegenwart des Mannes, dem sie das Andenken an mich geopfert, den Abschied geben wollen? Sollte das eine absichtliche Kränkung, ein absichtlicher Hohn sein, oder bin ich ihr so gleichgültig gewesen, daß sie nach der Kälte ihrer Gefühle die meinigen bemessen hat?"

Lange lag er schweigend da unter dem Eindruck dieses schmerzlichen Gedankens, dann tauchte die Erinnerung der weiteren Ereignisse des Tages deutlicher in ihm auf. Er entsann sich des Spiels, das er gemacht, er entsann sich, daß er den Namen des Fräulein Cohnheim laut und mit bitteren Bemerkungen genannt habe. Ein Gefühl der Scham und Reue überkam ihn.

„Das war nicht würdig, nicht männlich, nicht edel!" rief er, indem er sich auf sein Lager aufsetzte und mit beiden Händen seinen schmerzenden Kopf hielt. „Das hätte ich nicht thun müssen, ich hätte in meiner heftigen Erregung die Gesellschaft fliehen und Nichts trinken dürfen. — Oh," rief er nach einer Pause, „welch' ein elendes, jämmerliches Ding ist diese so viel gepriesene Liebe! Erst läßt sie so schwer und so bitter leiden, und dann treibt sie zu unwürdigen, zu niedrigen Handlungen. Oh, ich schwöre es," rief er die Hand erhebend, „ich schwöre, daß ich dieses Gefühl fliehen will wie die Sünde, und daß nie wieder das Bild eines Weibes mein Herz erfüllen soll! Ich will frei sein, stark und ruhig und meiner würdig bleiben!"

Der alte Diener trat ein und meldete, daß das Frühstück im Zimmer des Oberstlieutenants bereit sei, zugleich zeigte er dem Lieutenant an, daß zwei Officiere ihn zu sprechen wünschten und ihn bei seinem Vater erwarteten.

Der Lieutenant sprang empor, kühlte seinen brennenden Kopf mit frischem
Wasser und machte in hastiger Eile seine Toilette.

Als er in das Zimmer seines Vaters trat, welcher ihn bereits völlig angekleidet, frisch und munter erwartete, fand er dort die beiden Officiere von den Dragonern und den Husaren, welche Zeugen des gestrigen Abends gewesen waren, in ruhiger Unterhaltung mit dem alten Herrn begriffen.

Beide Officiere traten dem Lieutenant nicht mit der sonst gewohnten herzlichen Unbefangenheit und Vertraulichkeit entgegen, sondern begrüßten ihn mit einer gewissen kalten und gezwungenen Höflichkeit.

„Du hast lange geschlafen," sagte der Oberstlieutenant heiter, „es war wohl eine scharfe Sitzung gestern Abend, — die Herren hier sind ja auch dabei gewesen, aber das hat sie nicht verhindert, schon frühe auf zu sein. Das ist Recht, man muß sich niemals aus der Ordnung bringen lassen, und fast muß ich mich meines Sohnes schämen, daß er ein solcher Weichling ist, der am andern Morgen noch spürt, wenn er am Abend vorher ein paar Flaschen den Hals gebrochen. Habt Ihr etwa heute Morgen schon wieder eine Partie vor?" fragte er, den Schnurrbart drehend, „damit würde ich nicht einverstanden sein, — erst der Dienst und dann das Vergnügen."

Die beiden Officiere standen in einiger Verlegenheit schweigend da.

„Wir haben mit Dir zu sprechen," sagte der Dragoner mit einem
Seitenblick auf den alten Herrn, „und möchten es sogleich."

„Geniren Sie sich nicht vor mir," sagte der Oberstlieutenant mit heiterm Lächeln, „ich bin nicht mehr im Dienst, ich bin ja nur ein alter gutmüthiger Herr," fügte er mit einem leichten Anflug von Wehmuth hinzu, „der auch jung war und weiß, was man in der Jugend treibt."

„Wir möchten aber," sagte der Husarenofficier — „Dich einen Augenblick allein sprechen. Es handelt sich um eine Ehrensache," fügte er mit gedämpftem Ton hinzu, doch nicht so leise, daß es der Oberstlieutenant nicht verstanden.

Der alte Herr wurde ernst, warf einen forschenden Blick auf seinen Sohn und die beiden Officiere und sagte dann:

„Ich lasse Dich mit den Herren einen Augenblick allein."

„Halt, lieber Vater," rief der Lieutenant von Büchenfeld, „ich bitte Dich, zu bleiben. Ihr erlaubt," sagte er, „daß ich Euch bitte, vor meinem Vater zu sprechen. Er ist Officier wie wir, und ich weiß kein kompetenteres Urtheil in allen Ehrensachen, als das seinige. Er wird es mir nicht abschlagen, vorläufig mein Zeuge zu sein und sein Urtheil darüber abzugeben, was ich zu thun habe."

Die beiden Officiere grüßten den Oberstlieutenant militairisch.

„Es wird uns eine große Ehre sein," sagte der Husar, „wenn der Herr
Oberstlieutenant als Dein Zeuge unsere Erklärung mit anhören will."

Der alte Herr bat die Officiere mit einer stummen Handbewegung Platz zu nehmen und setzte sich dann grade und aufrecht neben seinen Sohn.

„Ich bitte Sie also, meine Herren," sagte er mit ernster, fast feierlicher Stimme, „zu sagen, um was es sich handelt."

Der Dragonerofficier erzählte mit kurzen Worten den Vorgang, welcher am
Abend vorher in dem Restaurationslokal von Borchard stattgefunden hatte.

Schweigend hörte der Oberstlieutenant zu, finstere Falten legten sich auf seine Stirn.

„Hat sich der Fall so zugetragen, wie die Herren erzählen? Erinnerst Du
Dich, gethan und gesprochen zu haben, was sie so eben mittheilen?"

„Ja," sagte der Lieutenant.

Sein Vater schüttelte langsam den Kopf.

„Der Referendarius von Rantow", fuhr der Dragoneroffizier zu dem
Lieutenant von Büchenfeld gewendet fort, „hat uns als Augenzeugen des
Vorfalls aufgetragen, von Dir eine bündige Ehrenerklärung zu
verlangen." —

Eine dunkle Röthe flammte auf dem Gesicht des Lieutenants auf, sein Auge blickte stolz zu seinen Kameraden hinüber, seine Lippen zuckten höhnisch. — „Oder wenn Du dieselbe verweigerst," — sprach der Dragoneroffizier weiter, — „Dir seine Forderung auf fünf Schritt Barriere mit gezogenen Pistolen zu überbringen."

„Angenommen," sagte der Lieutenant, „ich werde in einer Stunde meine
Secundanten zu Euch senden."

Die Officiere erhoben sich und wollten grüßend das Zimmer verlassen. Der
Oberstlieutenant trat ihnen in den Weg.

„Ich bitte Sie, einen Augenblick zu bleiben, meine Herren," sagte er. „Mein Sohn hat gewünscht, daß ich sein vorläufiger Zeuge in dieser Sache sei, und Sie haben mich als solchen angenommen. Nicht nur in dieser Eigenschaft, sondern auch als sein Vater muß ich darauf sehen, daß Alles genau so zugehe, wie es seine Ehre als Officier und als Träger meines Namens erfordert. Sie erlauben daher, daß ich meine Meinung ausspreche."

Die beiden Herren verneigten sich schweigend.

Der Lieutenant sah seinen Vater etwas erstaunt und erwartungsvoll an. Dieser richtete ernst und streng seinen Blick auf ihn und sprach: „Hat die junge Dame, um welche es sich handelt, Dir jemals durch ihr Benehmen gegen Dich irgend welche Veranlassung gegeben, in solchem Ton, wie Du es gethan, von ihr zu sprechen? Bist Du berechtigt, ihr irgend einen Vorwurf zu machen?"

Der Lieutenant wurde bleich, im heftigen inneren Kampf preßte er die Lippen aufeinander, sein Auge senkte sich zu Boden, einige Augenblicke stand er schweigend, ein leises Beben erschütterte seine Gestalt, dann schlug er den Blick zu seinem Vater wieder auf, er schien seiner kämpfenden Gefühle Herr geworden zu sein und mit fester entschlossener Stimme sagte er: „Nein, niemals!"

„Dann," sagte sein Vater, „ist es Deine Pflicht als Ehrenmann, die Erklärung zu geben, welche man von Dir verlangt, insofern die Ausdrücke derselben Nichts gegen Deine eigene Ehre enthalten. Wenn Du," fuhr er fort, „was ich tief beklage, Dich hast hinreißen lassen, eine Dame, der Du keinen Vorwurf zu machen hast, öffentlich zu beleidigen, so hast Du nicht das Recht, ihrem Ruf durch den Eclat eines Duells noch mehr zu nahe zu treten, Du hast nicht das Recht, Demjenigen das Leben zu nehmen, der berechtigt ist oder sich verpflichtet fühlt, als der Vertheidiger jener Dame aufzutreten."

„Herr von Rantow ist der Verlobte des Fräulein Cohnheim," sagte der
Dragonerofficier, „also ihr natürlicher und berufener Vertheidiger."

„Um so weniger," sagte der alte Herr, während der Lieutenant abermals tief erbleichend die Hand einen Augenblick auf sein Herz drückte, „darf diese Sache ernste und gefährliche Folgen haben. Hätte die Dame Dir jemals einen Grund zu Deinen Äußerungen gegeben, so wärst Du berechtigt, die Waffen zu ergreifen gegen Denjenigen, der von Dir Rechenschaft darüber fordert — so aber darfst Du es nicht, Du bist verpflichtet, durch Deine eigene Erklärung die Beleidigung zurückzunehmen — um so mehr," sagte er mit ernstem Blick auf seinen Sohn, „da man eigentlich niemals das Recht hat, eine Dame zu beleidigen. Du bist frei," fuhr er fort, „Du bist erwachsen, Du bist Officier, Du wirst thun, was Du verantworten kannst. Ich aber sage Dir als Dein Vater, als Edelmann und Officier, der stets auf das schärfste die feinsten Grenzen der Ehre beobachtet hat, daß Du nach meiner innigsten Überzeugung verpflichtet bist, die verlangte Ehrenerklärung zu geben."

„Wir haben dieselbe aufgeschrieben," sagte der Dragoner, indem er ein
Blatt Papier aus der Uniform hervorzog und es dem Lieutenant übergab.

Dieser reichte es schweigend, ohne einen Blick darauf zu werfen, seinem
Vater.

Der Oberstlieutenant überlas das Blatt langsam und sorgfältig mehrere
Male; dann reichte er es seinem Sohn zurück.

„Diese Erklärung ist in würdiger Form abgefaßt," sagte er, „sie enthält nur dasselbe Anerkenntniß, das Du so eben vor mir und vor diesen Herren ausgesprochen hast und spricht das Bedauern aus, daß Du in der Erregung in einer bewegten Gesellschaft Dich zu Deinen Äußerungen hast hinreißen lassen. Du kannst dieselbe unterzeichnen, — nach meiner Überzeugung mußt Du sie unterzeichnen. Ich hoffe, daß die beiden Herren meiner Meinung sein werden."

„Es ist eigentlich nicht unsere Sache," erwiderte der Dragonerofficier, „hier eine solche Meinung auszusprechen oder zu discutiren, indessen nehme ich in diesem besonderen Fall keinen Anstand, es auszusprechen, daß nach meiner Überzeugung durch die Unterzeichnung dieser Erklärung die Sache auf eine für alle Theile befriedigende und ehrenvolle Weise beigelegt sein wird."

Der Husarenofficier stimmte der Ansicht seines Kameraden bei.

„Ich werde unterzeichnen," sagte der Lieutenant von Büchenfeld, nahm das
Papier und begab sich in sein Zimmer.

„Ob ich ihr einen Vorwurf zu machen habe," flüsterte er vor sich hin, während er sich an seinen Schreibtisch setzte und die Feder eintauchte, — „oh, wenn er wüßte," — ein schneller zorniger Blick leuchtete in seinem Auge auf, rasch öffnete er das Schubfach des Tisches und zog aus demselben das kleine Blatt hervor, welches er am Tage vorher von Fräulein Anna erhalten hatte.

Mit einem raschen Zuge setzte er seinen Namen unter die Ehrenerklärung, faltete dieselbe zusammen, legte das Billet dazu und erhob sich, in das Zimmer seines Vaters zurückkehrend.

„Nein," sagte er dann, indem er plötzlich sinnend stehen blieb — „das wäre unedel, — mag sie ruhig ihrer Wege gehen, sie ist todt für mich, meine Augen werden sie nie wieder sehen, und mein Herz wird das Leid vergessen, das sie mir angethan."

Er nahm das kleine Billet, riß es in tausend kleine Stücke und streute

dieselben in die Luft, dann kehrte er ruhigen festen Schrittes in das
Zimmer seines Vaters zurück und übergab das Papier den beiden
Officieren.

„Gott sei Dank," sagte der Dragoner, indem er dem Lieutenant von Büchenfeld herzlich die Hand schüttelte, „daß die Sache so gut zu Ende geführt ist. Ich habe sonst Nichts gegen einen kleinen Kugelwechsel, wenn ein vernünftiger Grund dazu vorhanden ist, aber in diesem Falle hätte es mir doch wahrhaftig wehe gethan, wenn wegen dieser Geschichte, zu der wir halb und halb Veranlassung gegeben haben, Blut hätte fließen sollen."

Die beiden Officiere grüßten ehrerbietig den Oberstlieutenant und entfernten sich augenscheinlich leichtern und fröhlichern Herzens, als sie gekommen waren.

„Ich bin nicht mit Dir zufrieden mein Sohn," sagte der Oberstlieutenant in ernstem, aber mehr traurigem, als strengem Ton, „Du hast Dich hinreißen lassen, Etwas zu thun, was ein wahrer Edelmann niemals thun soll."

Der Lieutenant warf sich im Ausdruck eines lang unterdrückten Gefühls in die Arme seines Vaters.

„Verzeihe mir, mein Vater," sagte er mit erstickter Stimme, „verzeihe mir, ich habe Unrecht gehabt, aber ich habe es auch hart gebüßt."

Der alte Herr schüttelte verwundert den Kopf.

„Nun, nun," sagte er, „Jeder macht einmal einen dummen Streich, nimm
Dich künftig mehr in Acht und thu so Etwas nicht wieder."

„Da ist Etwas nicht klar, die Sache ist nicht in Ordnung," sprach er dann leise vor sich hin, indem er von einem Seitentisch eine frisch gestopfte Pfeife nahm und dieselbe anzündete. „Ich fürchte, ich bin in Gefahr gewesen, Etwas zu erleben, was ich neulich bei meinem Freunde Rantow so scharf getadelt habe. Vielleicht muß ich Gott danken, daß die Sache so gekommen ist."

Er setzte sich an den Frühstückstisch und schenkte den duftenden Kaffee aus der spiegelblank geputzten messingenen Sturzmaschine in seine große Mundtasse.

Sechstes Capitel.

In der Zwischenzeit, während der Berathungen über zwei verschiedene Gegenstände in dem französischen Gesetzgebenden Körper, war die Salle des Pas perdus in dem Gebäude des Corps legislativ, woselbst sich die Deputirten zu begegnen und in Privatgesprächen miteinander zu verständigen pflegten, mit zahlreichen lebhaft sich unterhaltenden Gruppen angefüllt.

So eben war die Nachricht verbreitet worden, daß das Plebiscit eine
beschlossene Sache sei, und daß die liberalen Minister Chevandier de
Valdrome, der Graf Daru, der Finanzminister Buffet und der Marquis von
Talhouet ihre Entlassung gegeben hätten.

Allgemein war die Bewegung und mit der lauten Lebhaftigkeit, welche dem französischen Charakter eigenthümlich ist, äußerten die Deputirten ihre Meinungen über dieses Ereigniß, welches die seit einiger Zeit von dem Kaiser eingeschlagene Richtung des öffentlichen Lebens wieder vollständig veränderte.

In der Mitte einer Gruppe stand der Graf von Keratry, eine schlanke Gestalt mit einem charakteristischen Kopf, dessen unruhig umher blickende Augen einen beweglichen feurigen, aber nicht sehr geordneten Geist verriethen.

„Es ist Alles bereits vorbereitet," sagte er, „so eben habe ich erfahren, daß den Präfecten befohlen worden ist, ihre ganze Thätigkeit auf die Vorbereitungen für das Plebiscit zu richten, und daß sie zugleich ermächtigt sind, den Gemeinden zu erklären, daß die Executivgewalt die Maires künftig stets den Vorschlägen der Gemeinderäthe entsprechend auswählen werde."

„Das ist unerhört," rief der Deputirte Picard, ein Mann mit einem blassen, scharfen und ein wenig verbissenem Gesicht, „das ist eine vollständige Corruption des öffentlichen Votums. Will man eine Volksabstimmung, so soll man wenigstens sie frei sich vollziehen lassen. Auf diese Weise aber wird die Sache eine reine Comödie. Wenn die Präfecten mit der ganzen Autorität ihrer Stellung in die Sache eingreifen, wenn man den Gemeinden zugleich Versprechungen macht, von denen man," fügte er höhnisch hinzu, „gewiß nicht die Absicht hat, sie je zu erfüllen, so macht man sich einer moralischen Bestechung schuldig. Man wird die öffentliche Meinung Frankreichs vor den Augen von ganz Europa fälschen, um sich dann auf diese öffentliche Meinung stützen zu können, wenn man beginnen wird, die abenteuerlichsten Maßregeln des Absolutismus durchzuführen."

Jules Favre trat hinzu, seine große volle Gestalt hatte eine etwas schwerfällige Haltung, und seine Bewegungen zeigten ein wenig jene stereotype theatralische Würde, welche die Advokaten vor den Gerichtshöfen anzunehmen pflegen, wenn sie mit dem Aplomb tiefer Überzeugung durch den persönlichen Eindruck das Gewicht ihrer Gründe zu verstärken trachten. Sein starkes Gesicht mit den regelmäßigen, angenehmen Zügen, den großen, geistvollen und klar blickenden Augen, dem langen, überhängenden zurückgestrichenen Haar und vollen Bart, der sich an einzelnen Stellen fast weiß färbte, zeigte ein gewisses selbstzufriedenes überlegenes Lächeln, und mit seiner vollen und tiefen Stimme sprach er:

„Wir müssen uns organisiren, meine Herren, wir müssen unsererseits Comités bilden, welche dafür wirken, daß dem ganzen Volk klar gemacht werde, wie die freiheitliche Entwickelung nur gesichert werden könne, wenn man sich massenhaft von der Theilnahme am Plebiscit enthält —, wenn wir es erreichen können, die abgegebenen Stimmen auf ein Minimum zu reduciren, so wird der moralische Eindruck der Volksabstimmung vollständig verschwinden, der sonst nicht nur im Auslande, sondern auch in Frankreich selbst zu einer bedeutenden Verstärkung der moralischen Macht des Kaiserreiches beitragen muß. Lassen Sie uns heute zusammentreten und an die Bildung dieses Comités denken."

„Das ist sehr gut," rief Herr Picard, „allein wie sollen wir, die wir doch erst einen Organismus schaffen müssen und nur langsam vorgehen können, die wir allen Hemmungen und Hindernissen ausgesetzt sind, welche die Macht uns bereiten wird, wie sollen wir dem concentrirten und wohl geleiteten Einfluß der Präfecten gegenüber etwas ausrichten?"

„Nein," rief der Graf von Keratry, „wir müssen laut unsere Stimmen erheben, um gegen diese ungesetzliche Einwirkung der Regierungsautorität auf die freie Abstimmung des Volkes zu protestiren. Das scheint mir sicherer, als in die Wahlagitation einzutreten, bei welcher wir zu spät kommen müßten. Können wir nachweisen, daß die Abstimmungen durch die Präfecten gemacht sind, so wird das Plebiscit ebenfalls seine Bedeutung vor der liberalen öffentlichen Meinung Europas vollständig verlieren."

„Es giebt noch ein Mittel," sagte Herr Barthélémy St. Hilaire, ein schlanker Mann von elegantem Äußern, dessen Mienen und Haltung ein wenig an den gelehrten Professor erinnerten, „wir müssen darauf dringen, daß das Plebiscit nur einen Tag dauert, das wird eine große Massenbetheiligung unmöglich machen. Ich werde einen solchen Antrag stellen, und bitte Sie, meine Herren, ihn zu unterstützen."

Der Advokat Gambetta, eine kleine schmächtige Gestalt, mit leicht gekrümmten Schultern, wenig elegant, fast ein wenig unsauber in seiner Erscheinung, hatte schweigend die verschiedenen Äußerungen mit angehört.

Er stand da, das ausdrucksvolle, häßliche Gesicht mit dem schlecht gepflegten Haar und Bart, mit dem kalt und höhnisch lächelnden Munde, leicht auf die Seite geneigt, sein sehendes Auge richtete sich mit einem düstern, fast unheimlich drohenden Ausdruck auf eine Gruppe von Herren, welche in der Nähe standen, während das andere des Lichts beraubte Auge unter dem herabhängenden Lide verborgen war.

„Dort steht ja," sagte er mit einer rauhen, etwas schwerfällig klingenden Stimme, „der große Regenerator des

Kaiserreichs, unser alter Freund Ollivier, dem es so leicht wird, täglich eine andere Gestalt anzunehmen, und neben ihm Herr Chevandier de Valdrome. Fragen wir ein wenig diese Herren, es wird immerhin gut sein, wenn wir uns vorher etwas orientiren, um genau zu wissen, was wir bei den öffentlichen Debatten zu thun haben."

Er näherte sich den Ministern und begrüßte sie mit einer artigen, aber ein wenig linkischen Verbeugung, die übrigen folgten ihm und umgaben die beiden Minister, um welche sich sehr bald noch mehrere der im Saale anwesenden Deputirten gruppirten.

„Es scheint, daß das Plebiscit beschlossen ist," sagte Herr Gambetta zu Ollivier gewendet, der in etwas gezierter, an die gesuchte saubere Einfachheit Robespierres erinnernder Haltung da stand, und dessen eigenthümlich geformtes Gesicht, mit der schmalen Stirn, den stark schielenden von einer feinen Brille beschatteten Augen und dem großen, über dem zurückstehenden Kinn stark hervortretenden Munde, in lebhafter Bewegung zitterte.

„Ich habe keinen Grund," erwiderte der Großsiegelbewahrer des Kaiserreiches, indem er die Begrüßung des Herrn Gambetta mit kalter, abwehrender Höflichkeit erwiderte, „mich nicht über die Situation auszusprechen. Ja, meine Herren," fuhr er fort, „das Plebiscit ist beschlossen, und ich begreife nicht, wie Sie und Ihre Freunde," fügte er hinzu, indem sein unsicherer Blick leicht über die Gruppe hinglitt, welche ihn umgab, „ich begreife nicht, wie Sie Alle gegen diesen Gedanken sein können. Die unmittelbare Berufung des Volkes in wichtigen Verfassungsangelegenheiten des Landes entspricht ja so vollkommen den Grundsätzen einer wahren und vernünftigen Demokratie, zu welcher Sie sich bekennen, welchen ich meinerseits stets treu geblieben bin, und welchen auch diese neue Maßregel einen verstärkten

Ausdruck geben wird."

Ein höhnisches Lächeln umzuckte die Lippen Gambetta's.

„Darf ich Sie vielleicht fragen," fuhr er fort, „wie lange die Volksabstimmung dauern soll und ob bei derselben das Vereinsrecht zur
Ausübung kommen werde, welches der Bevölkerung gestattet, sich vorher
über die der Frage gegenüber einzunehmende Haltung zu verständigen."

„Zweifellos," erwiderte Herr Ollivier, „werden öffentliche Versammlungen Statt finden dürfen, und das Volk wird von allen seinen verfassungsmäßigen Rechten Gebrauch machen können — doch," fuhr er fort, „liegt es in der Natur der Sache, daß solche Versammlungen, da es sich ja hier nur um die ganz einfache Beantwortung einer einfachen Frage handeln wird, nicht so lange werden dauern können, als dies zum Beispiel bei den Wahlen zum Gesetzgebenden Körper erlaubt ist. Jeder soll nach seiner freien Ueberzeugung eine sehr klar gestellte Frage beantworten, und dazu sind in der That keine langen Debatten und keine langen Vorbereitungen erforderlich."

„Aber die Regierung, meine Herren," rief der Graf Keratry in heftigem und gereiztem Ton, „hält es nicht für unnütz, solche Vorbereitungen in dem ausgedehntesten Maße zu treffen. So eben habe ich den Herren hier mitgetheilt, daß ich erfahren, die Präfecten seien angewiesen, mit äußerster Energie das Plebiscit vorzubereiten und sogar den Gemeinden Versprechungen in Betreff der Maires zu machen — es scheint also doch, daß man es für wichtig hält, die Autorität der Macht in die Wagschale zu werfen, wenn die Mittheilungen," fügte er hinzu, den scharfen stechenden Blick auf Herrn Chevandier de Valdrome richtend, „die mir gemacht, richtig sind."

Der Minister des Innern, ein vornehm aussehender, etwas gleichgültig blickender Mann von matten, nervösen Gesichtszügen, ließ seinen Blick von oben herab über den Grafen Keratry hingleiten, ein kaltes, feindliches Lächeln spielte um seine Lippen und in kurzem, wenig verbindlichem Ton erwiderte er:

„Ja, ich habe die Präfecten instruirt, wie ich das für mein Recht und meine Pflicht halte, ich habe ihnen befohlen, die äußerste Thätigkeit zu entwickeln, um die Enthaltung von der Abstimmung zu verhindern. Ich trage die persönliche Verantwortlichkeit für meine Anweisungen, — welche übrigens ganz und gar Verwaltungsmaßregeln sind."

„Ich begreife nicht," rief Picard, „wie der Herr Minister des Innern das Plebiscit als die freie Abstimmung des Volkes über die wichtigsten Fragen, die sein öffentliches Leben betreffen, eine Verwaltungsmaßregel nennen kann. Wenn es jedoch nun," fügte er mit ironischem Lächeln hinzu, „eine Verwaltungsmaßregel sein soll, so würde es für uns gewiß von großem Interesse sein, den Inhalt der Schreiben kennen zu lernen, welche in dieser Beziehung an die Präfecten erlassen worden sind."

„Die innern Maßregeln der Verwaltung," erwiderte Herr Chevandier de
Valdrome in kurzem Ton, „sind kein Gegenstand von Diskussionen mit der
Vertretung des Landes, sie sind ein ausschließliches und unbestreitbares
Recht der Regierung."

Rasch fiel Herr Ollivier ein, indem er ein wenig die Hand erhob und jenen etwas salbungsvollen Ton annahm, der seiner Rede auf der Tribüne so oft die unmittelbare Wirksamkeit nahm:

„Und wenn Sie auch nicht das formelle Recht dazu haben, so will ich
Ihnen doch am wenigsten die moralische Berechtigung bestreiten, unsere
Anweisungen kennen zu lernen. Interpelliren Sie mich in der Sitzung, und
ich werde von der Tribune Ihnen unsere Instructionen mittheilen."

„Wenn der Herr Minister der Justiz statt meiner spricht," sagte Herr
Chevandier de Valdrome in trockenem Ton, indem er sich gegen seinen
Collegen verbeugte, „so habe ich ja nicht nöthig, mich länger an dieser
Unterhaltung zu betheiligen," und rasch sich abwendend, entfernte er
sich von der Gruppe.

„Ich habe keinen Grund," fuhr Herr Ollivier fort, „unsern Standpunkt und unsere Maßregeln zu verhüllen, wir haben den Präfecten einfach geschrieben: „Sichern Sie die Freiheit der Abstimmungen, wenden Sie weder Drohungen, noch Druck, noch Versprechungen an, vergessen Sie aber nicht, daß Sie den Umtrieben der Wahlenthaltung gegenüber stehen und wenden Sie die verzehrendste Thätigkeit an, nur jeden Bürger zur Abstimmung zu drängen."

„Nun wohl," rief Herr Picard lachend, „diese aufreibende Thätigkeit und dieses Drängen der Bürger zur Abstimmung sind die deutlichen Zeichen, daß die so traurige Praxis der amtlichen Candidaturen auch in dieser Frage eben so rücksichtslos wie früher geübt werden soll. Die Enthaltung von der Abstimmung ist ein unzweifelhaftes Recht eines jeden Bürgers vor allen Dingen dann, wenn doch Niemand im Stande ist, ohne Gefahr frei seine Meinung zu äußern; wenn Jedermann sich scheuen muß nein zu sagen, so muß ihm wenigstens die Freiheit bleiben, nicht ja sagen zu dürfen. Das Alles ist nichts als Possenspiel" fügte er achselzuckend hinzu.

„Hier ist von keinem Possenspiel die Rede," rief Herr Ollivier in lebhafter Erregung, „deutlich und unverhüllt wird die Frage an das Volk gestellt werden. Die einzige Thätigkeit der Regierung wird sich nur darauf richten, Jeden dahin zu führen, daß er die deutlich gestellte Frage eben so deutlich beantworte."

„Durch die Anweisung, deren Inhalt uns so eben im Allgemeinen mitgetheilt ist," sagte Herr Jules Favres ruhig und langsam, „ist das Cabinet seinem liberalen Programm untreu geworden — das Mißtrauen ist also wohl berechtigt. Mögen die Herrn Minister," sagte er mit einer leichten Verbeugung gegen Ollivier, „es auch ehrlich meinen, die andern Beamten werden dennoch die Abstimmungen fälschen."

„Das wird Niemand wagen," rief Herr Ollivier heftig erregt, „die Minister können wohl das Vertrauen verlangen, daß sie den Maßregeln, zu denen sie sich ehrlich bekennen, auch von Seiten ihrer Untergebenen eine ebenso ehrliche und rückhaltslose Durchführung zu sichern im Stande sein werden. Uebrigens," fuhr er fort, „kommt das Cabinet und seine Existenz bei der ganzen Sache garnicht in Frage. Es handelt sich einfach um eine Sanctionirung der Verfassungsbestimmungen, welche die Minister mit den Vertretern des Landes bereits gutgeheißen haben. Die Kammern selbst sind also ebenso betheiligt, als das Ministerium."

„Das sind Wortklaubereien," rief Picard entrüstet, „Regierung ist
Regierung, es ist traurig genug, daß man nicht im Stande ist, dem
Ministerium, das sich mit liberalen Reformen einführte, dauerndes
Vertrauen zu schenken."

„Das thut mir sehr leid," rief Herr Ollivier zitternd vor zornigem Eifer, „schenken Sie uns Ihr Vertrauen, schenken Sie es uns nicht, das ist Ihre Sache — das kann uns nicht abhalten, unsre Pflicht zu thun, seien Sie überzeugt, daß uns Ihre Meinung ganz gleichgültig ist."

Ein dumpfes Murren ließ sich unter der Gruppe vernehmen.

„Welch ein Ton der Conversation," rief Jules Favres, „man sollte doch meinen, sich hier in der Gesellschaft von gebildeten Leuten zu befinden."

„Der Herr Minister ist sich gewiß über die Bedeutung seiner Worte nicht
klar geworden," sagte Herr Picard kalt und höhnisch, „die Sorgen für die
Verbreitung des Plebiscit haben, wie es scheint, seine sonst so eminente
Fähigkeit, die Redewendungen richtig abzuwägen, gelähmt."

Herr Ollivier schien selbst ein wenig bestürzt über seinen heftigen
Ausbruch zu sein.

„Ich bin mir über meine Worte vollkommen klar," sagte er, „und habe mit denselben," fügte er sich leicht verneigend hinzu, „durchaus keine persönliche Verletzung beabsichtigt.

Ich habe nur sagen wollen, daß eine Regierung, welche sich vollkommen klar ist über das, was sie nach reiflicher Ueberlegung für ihre Pflicht erkannt hat, sich nicht dadurch irre machen lassen darf, ob ihre Beschlüsse und Maßnahmen bei der einen oder bei der andern Partei beifällige oder tadelnde Beurteilung finde; und ich kann nur wiederholen, daß die Regierung es für ihre Pflicht hält, mit aller Energie gegen das System der Stimmenenthaltung aufzutreten. Das Kaiserthum und der Kaiser stehen nicht in Frage," fuhr er mit fester Stimme fort, „wie hier so eben bemerkt wurde, die Frage ist nur die, ob es gut sei, das Kaiserthum der Autorität und des persönlichen Regiments in ein liberales Kaiserthum umzuwandeln; daß die Feinde des Kaiserthums überhaupt das Letztere nicht wollen, begreife ich," fügte er mit scharfer Betonung hinzu, „ob sie aber damit dem Vaterlande einen Dienst leisten, ob sie nicht ihre Parteirücksichten höher stellen, als das Wohl der Nation, das will ich, meine Herren, ihrem eigenen Gewissen überlassen." Und mit einer kurzen Verneigung wandte er sich ab und verließ das Zimmer.

Ein Theil der Abgeordneten kehrte in den Saal zurück, wo man über einzelne Paragraphen des neuen Preßgesetzes debattirte. Die Meisten aber entzogen sich dieser Debatte, präoccupirt wie sie durch die ganze politische Situation waren, verließen sie das Palais des Gesetzgebenden Körpers, um in Privatzusammenkünften bei den Parteiführern sich über die zu fassenden Entschließungen zu berathen.

Herr Ollivier durchschritt langsam die Corridore und stieg vor dem Palais in sein sehr einfaches und unscheinbares Coupé, indem er dem in dunkle Livree gekleideten Kutscher zurief:

„Nach den Tuilerien."

Kurze Zeit darauf fuhr er in den innern Hof des alten Königspalastes ein, er hielt vor dem großen Eingang, über welchem das von Lanzen getragene Zeltdach sich ausdehnte.

Er fand den Dienst thuenden Ordonnanzofficier im Vorzimmer; dieser führte ihn sogleich in das Cabinet des Kaisers ein.

Napoleon III war frischer als sonst, zwar hingen seine Züge mit dem
Ausdruck des Leidens und körperlicher Schmerzen schlaff herab, aber in
seinem Blick machte sich eine gewisse an die vergangenen Tage seiner
Jugend erinnernde Energie bemerkbar, als er mit seinem langsamen, etwas
unsicheren Gang dem Minister entgegentrat, welcher es übernommen, das
Steuer des Staatsschiffes, welches so lange die feste Hand des Herrn
Rouher geführt hatte, durch die bedenklichen Klippen verschiedener
Neuerungen zu führen.

„Ich habe gewünscht, Sie noch vorher zu sprechen, mein lieber Herr Ollivier," sagte der Kaiser, indem er mit verbindlichem Gruß dem Großsiegelbewahrer die Hand reichte, „bevor ich den gesammten Ministerrath höre, in welcher Weise die Ereignisse geleitet werden müssen, damit wir das große Ziel erreichen, das öffentliche Vertrauen in die Regierung vollständig wieder herzustellen, — welches bereits so sehr wieder gewachsen ist," fügte er mit einer leichten Neigung des Kopfes hinzu, „seitdem Sie mir mit Ihrem Rath zur Seite stehen."

„Das Vertrauen Eurer Majestät macht mich sehr glücklich," erwiderte Herr Ollivier, indem er auf den vom Kaiser ihm bezeichneten Sessel sich niederließ. „Wenn die öffentliche Meinung mir mit einem gewissen sympathischen Gefühl entgegenkommt," fuhr er mit einem selbstbefriedigten Lächeln fort, „so wird mir meine Aufgabe sehr wesentlich durch die hochherzige Offenheit erleichtert, mit welcher Eure Majestät mich unterstützen."

Der Kaiser richtete einen eigentümlichen Blick aus seinen schnell sich entschleiernden und dann wieder in ausdruckslose Gleichgültigkeit zurücksinkenden Augen, während er mit der Hand über den Schnurrbart streichend ein unwillkürlich seine Lippen bewegendes Lächeln verbarg.

„Sie glauben also," sagte er dann, „daß das Plebiscit der Regierung günstig ausfallen werde?"

„Jedenfalls," erwiderte Herr Ollivier, „die Stimmung ist allgemein sehr wenig befriedigt über das Verhalten der unversöhnlichen Opposition. Man will Ruhe für die Geschäfte, man will Schutz gegen die herandrängende sociale Bewegung, und man wird dem liberalen Kaiserreich um so mehr mit begeisterter Wärme seine Stimme geben, als es die Freiheit mit der Kraft und der Ordnung vereinigt. Die Opposition fühlt dies, und ihr Bestreben geht nicht mehr danach, ein negatives Votum der Volkscomitien zu erreichen, sondern vielmehr eine massenhafte Stimmenenthaltung durchzusetzen, ein Bestreben, in welchem sie durch die Indolenz der Massen wesentlich unterstützt werden möchte.

„Eure Majestät werden es gewiß billigen, daß wir auf die energischste Weise den Präfecten aufgetragen haben, vor allen Dingen besonders in den ländlichen Kreisen gegen die Enthaltung von der Abstimmung zu wirken."

„Gewiß, gewiß," sagte der Kaiser wie zerstreut, „man muß alle Mittel anwenden, um diesen Herren von der Opposition zu zeigen, daß das Volk von Frankreich sie verwirft und fest hinter mir steht, — doch," fuhr er fort, „wie ist es mit Daru und Buffet? Bestehen sie darauf, daß die Kammern zunächst über das Plebiscit befragt werden und werden sie daraus eine Cabinetsfrage machen?"

„Ich glaube, Sire," sagte Herr Ollivier, „daß meine beiden Kollegen sehr geneigt sind, sich darüber zu verständigen; sie wollen gern ihre Kräfte unter dem liberalen Kaiserreich und unter Eurer Majestät erleuchteter und ruhmvoller Führung dem Wohle Frankreichs widmen. Indeß halten sie es für unmöglich, so ganz und gar von dem Prinzip abzuweichen, das sie mit voller Ueberzeugung vertreten. Es läßt sich vielleicht," fuhr er fort, „ein Weg finden, um im Wesentlichen die Meinungen Eurer Majestät aufrecht zu erhalten, und dennoch die Minister, welche bei den verschiedenen Parteien Vertrauen haben zu conserviren. Man könnte die Absicht, ein Plebiscit vorzunehmen, ohne sich einem constitutionellen Beschluß der Vertretung des Landes zu unterwerfen, dem Corps legislativ einfach durch eine Botschaft mittheilen, worauf denn eine Antwortsadresse erfolgen würde. Auf diese Weise ließen sich die verschiedenen Standpunkte vielleicht vereinigen, und es ist allerdings richtig, daß bei dem Plebiscit es von Wichtigkeit sein könnte, dem Volk zu zeigen, daß die Regierung und die regelmäßige constitutionelle Vertretung über den wichtigen Act in voller Uebereinstimmung sich befinden."

Der Kaiser senkte den Kopf und strich mehrere Male nachdenklich über seine Stirn.

„Damit würde eigentlich," sagte er, „dem Plebiscit die wahre Spitze abgebrochen, und ich bin, wie ich Ihnen aufrichtig sagen muß, nicht sehr geneigt, einen solchen Weg zu gehen. Halten Sie," fragte er, Herrn Ollivier plötzlich voll und scharf anschauend, „diesen Weg prinzipmäßig für richtig, oder würden Sie ihn nur vorschlagen, um die Personen der Minister zu conserviren?"

„Die Minister haben, wie ich Eurer Majestät zu bemerken die Ehre hatte," fuhr der Großsiegelbewahrer fort, „ein gewisses Vertrauen, ihr Rücktritt könnte einen ungünstigen Eindruck machen. Dies ist wesentlich der Grund, weßhalb ich einen Kompromiß suchen möchte."

„Mein lieber Herr Ollivier," sagte der Kaiser, indem er sich ein wenig herüberneigte, „nach meiner Ueberzeugung beruht das Vertrauen, welches das Ministerium bei der Bevölkerung genießt, weder auf Herrn Buffet, noch auf dem Grafen Daru, noch auf irgend einem der andern Personen, welche gegenwärtig das Cabinet bilden, sondern vielmehr lediglich auf der Achtung und Sympathie, welche man Ihnen entgegenträgt, Sie sind der Pfeiler, auf welchem gegenwärtig meine Regierung ruht. Der Respect vor Ihrem Charakter, die Bewunderung für Ihre großen Talente bilden einen Nimbus um Sie, dessen Strahlen auch auf die übrigen Minister fallen, sie werden aber ebenso gut auch auf jeden Andern fallen, der das Glück haben wird, mit Ihnen zusammen ein Cabinet zu bilden. Die Rücksicht also," fuhr er fort, „auf das Vertrauen, welches jene Herren im Lande genießen, und den persönlichen Einfluß, welchen sie üben können, würde mich niemals bestimmen können, von einem als richtig anerkannten Prinzip abzugehen, lediglich um ihre Personen zu conserviren. Etwas Anderes," fuhr er nachdenklich fort, indem aus dem Winkel seines fast geschlossenen Auges ein schneller, scharf beobachtender Blick auf Herrn Ollivier hinüberflog, „etwas Anderes ist es freilich mit ihrer Ersetzung in den Geschäften. Buffet ist ein vortrefflicher Finanzminister, es wird nicht leicht sein, Jemanden an seine Stelle zu setzen — Ségris vielleicht — man müßte sich mit ihm darüber verständigen — noch schwieriger aber ist die Sache bei Daru. Woher kann man so schnell einen auswärtigen Minister finden? Namentlich, da es sich darum handeln würde, die Stellung ein wenig zu modificiren, welche wir dem Concil und Rom gegenüber eingenommen haben. Die Minister der auswärtigen Angelegenheiten," fuhr er fort, anscheinend immer tiefer im Nachsinnen versinkend, „wachsen nicht aus der Erde hervor. Ja, wenn," sagte er, den Blick wie fragend auf Herrn Ollivier richtend — „wenn es möglich wäre, daß eines Menschen Kraft die Last allein trüge, welche schon auf drei Schultern vertheilt nicht leicht ist, so wäre schnell eine Abhülfe zu finden."

Er lehnte den Kopf wie tief nachdenkend auf den auf sein Knie gestützten
Arm.

Das Gesicht Olliviers zuckte in lebhafter Bewegung, seine Augen schienen einem plötzlich vor ihm auftauchenden Bilde zu folgen, ein Schimmer hoher Befriedigung erleuchtete seine Züge und rasch mit athemloser Stimme sprach er:

„Eure Majestät meinen — Eure Majestät haben irgend eine Idee über das
Ressort des auswärtigen Amtes?"

„Ich fürchte," sagte Napoleon, indem er wie in schmerzlicher Resignation die Achseln zuckte, „daß die Idee, welche mir einen Augenblick als möglich vorschwebte, der Wunsch, den ich einen Augenblick hegte, Unmöglichkeiten sind. Ich hatte mir gedacht, wie rasch sich das Alles arrangiren ließe, wenn Sie, mein lieber Herr Ollivier, mir das

Opfer bringen könnten, für einige Zeit das Ministerium der auswärtigen Angelegenheiten zu führen. Ich weiß," fuhr er fort, „die Repräsentation, welche gerade mit diesem Ministerium mehr als mit andern verbunden ist, würde Ihnen lästig sein. Die Last der Arbeiten würde selbst Ihrem der Thätigkeit so gewöhnten Geist zu viel werden. Lassen wir also die Sache, es ist doch vielleicht besser, einen Kompromiß zu suchen, welcher uns den Grafen Daru und Herrn Buffet erhält."

Herr Ollivier hatte in einer gewissen Unruhe, die Hände in leichtem
Zittern bewegend, das Ende der Bemerkungen des Kaisers erwartet. Als
Napoleon schwieg, sagte er rasch, indem er seine Brille zurecht schob:

„Ew. Majestät dürfen überzeugt sein, daß mir für Ihren Dienst und für das Wohl Frankreichs kein Opfer zu groß ist. Wohl widerstrebt meinem einfachen bürgerlichen Sinne," sagte er, „die große und vielseitige Repräsentation, wohl möchte ich auch für meine Familie leben und für meine Gesundheit ein wenig Muße gewinnen, dennoch aber kann ich keinen Augenblick anstehen, wenn es der Dienst Eurer Majestät, wenn es das Wohl Frankreichs erfordert, auch diese neue Last auf mich zu nehmen, und ich traue mir ohne Ueberschätzung dennoch die Kraft zu, sie tragen zu können. Ich bin an die Thätigkeit gewöhnt, Sire, und will wenigstens versuchen, Eurer Majestät auch diesen Beweis meiner Ergebenheit zu geben."

Napoleon schlug wie durch eine unerwartet günstige Wendung der Dinge freudig überrascht die Hände zusammen.

„Aber, mein lieber Herr Ollivier," sagte er, „dann ist uns ja geholfen, dann haben wir ja garnicht nöthig, noch einen Kompromiß zu suchen, wenn Graf Daru wirklich heute abgeht und Sie bereit sind, an seine Stelle zu treten. So befinde ich mich ja nicht nur in keiner Verlegenheit, sondern ich werde sogar meine Lage wesentlich verbessern, denn Sie werden mir die Bemerkung erlauben, daß ein jedes Portefeuille bei Niemanden, und wäre er der Geschickteste und Bewährteste, so gut aufgehoben sein kann, als in Ihren Händen. Wenn Sie also wirklich bereit wären, an die Stelle des Grafen Daru zu treten, und wenn Ihre Kraft eine so übermäßige Last zu ertragen im Stande ist, dann wären wir ja, wie ich glaube, vollständig einig über den Gang, den wir den Ereignissen zu geben haben."

„Wenn Eure Majestät," sagte Herr Ollivier, „die Gnade haben würden, mir das Portefeuille des Auswärtigen zu übertragen, so sehe ich allerdings nicht ein, warum in der Frage des Plebiscits ein keinem Prinzip vollkommen entsprechender Ausweg gesucht werden sollte."

„Nun," sagte der Kaiser, indem er sich erhob, „ich sehe, wir verstehen uns vollkommen, — welche Freude wird es mir machen, mit Ihnen die Fragen der auswärtigen Politik zu besprechen und aus Ihrem so erleuchteten Geiste immer neue Gedanken zu der Beurtheilung derselben zu ziehen."

Herr Ollivier verneigte sich mit glücklichem zufriedenem Lächeln.

„Ich glaube, wir werden vollständig darin übereinstimmen," sagte der Kaiser leichthin mit gleichgültigem Ton, „daß der römischen Frage auf dem Concil gegenüber die Haltung, welche der Graf Daru in der letzten Zeit eingenommen hat, modificirt werden muß. Die katholische Kirche und der Klerus ist ein sehr mächtiger Factor in Frankreich, dessen freien und rückhaltslosen Beistand wir uns sichern müssen.

Und außerdem," fuhr er fort, „widerstrebt auch meinem religiösen Gefühl eine Erkaltung der Beziehungen zwischen meiner Regierung und dem heiligen Stuhl."

„Eure Majestät haben vollkommen Recht," sagte Herr Ollivier schnell, „Frankreich ist gut katholisch. Ich bin es auch," fügte er hinzu, „und die Rücksicht auf die Gefühle des Volkes ebenso wie auf den Einfluß des Klerus gebieten uns eine äußerst vorsichtige Stellung Rom gegenüber einzunehmen, und nichts zu thun, was die Beziehungen zur Kurie irgend wie trüben könnte. Ich fürchte," fuhr er fort, „der Graf Daru hat sich in dieser Sache ein wenig zu sehr von Doctrinen leiten lassen und hat zu wenig die concreten Verhältnisse in Betracht gezogen; auch möchten vielleicht seine Beziehungen zu Guizot, der entschieden Protestant ist, nicht ohne Einfluß auf seine Anschauungen geblieben sein."

Der Kaiser, welcher sehr aufmerksam den Worten seines Ministers zugehört hatte, schlug sich leicht mit der Hand vor die Stirn, als ob er durch die Aeußerungen des Herrn Ollivier besonders frappirt sei.

„In der That, mein lieber Minister," sagte er, „Sie bringen mich da auf einen Gedanken, der mir Manches aufklärt, — sollten Sie, wie ich glaube, Recht haben, so ist es um so nöthiger, unsere Stellung Rom gegenüber zu modificiren, denn protestantische Anschauungen können doch gewiß niemals die Politik Frankreichs, dieses so tief katholischen Landes leiten. Welch eine Freude ist es doch," sagte er tief aufathmend, „so vollständiges Verständniß zu finden und mit einem Mann zu arbeiten, der uns stets neue Gesichtspunkte öffnet."

Er bewegte die Glocke.

„Sind die Herren Minister versammelt," fragte er den eintretenden Kammerdiener.

„Zu Befehl, Majestät."

„Wollen Sie mich in einen Augenblick im Conferenzzimmer mit den andern Herren erwarten," sagte der Kaiser zu Herrn Ollivier, „ich werde Ihnen sogleich folgen — wir wissen ja, was wir zu thun haben."

Der Großsiegelbewahrer verneigte sich mit zustimmender Miene und verließ das Kabinet des Kaisers.

„Er wird thun, was ich will," sagte Napoleon ihm lächelnd nachblickend, „und ich werde die vortreffliche Stellung haben, keinerlei Initiative zu ergreifen; nicht meine Meinung, — sondern diejenige des Herrn Ollivier wird durchdringen, und man wird nicht wieder vom persönlichen Regiment und vom autocratischen Einfluß sprechen können."

Er trat zu einem kleinen Schrank, nahm daraus ein Fläschchen mit einer röthlichen Flüssigkeit, zählte in ein Glas Wasser, das der Kammerdiener ihm reichte, eine Anzahl von Tropfen und trank dann schnell den Inhalt, der ihn fast augenblicklich wohlthätig zu beleben schien.

„So," sagte er mit einem tiefen Athemzug, „das wird mir für eine Stunde wieder Kraft und Elasticität geben. Jetzt will ich meine Herren Minister anhören."

Und mit etwas lebhafterem festerem Gang als vorhin begab er sich durch die schnell geöffnete Flügelthür nach dem Conferenzzimmer, einem großen hellen Gemach, in dessen Mitte ein runder grüner Tisch, von ebenfalls dunkelgrünen Fauteuils umgeben, stand.

In diesem Zimmer waren die Minister bereits versammelt, sie trugen sämmtlich, wie der Kaiser, schwarze Morgenanzüge und verneigten sich tief beim Eintritt des Souverains.

Da war neben Ollivier, der, aufgeregt, aber von innerer Befriedigung strahlend, hinter seinem Stuhl stand, Herr Chevandier de Valdrome mit seinem etwas cavalieren Ausdruck; der Graf Daru mit seinem kalten, etwas mißtrauischen Blick; Herr Buffet, der Finanzminister, eine bureaucratische Erscheinung mit eigensinnig doctrinairem Ausdruck; Herr Ségris, der Minister des Unterrichts, ein wenig an das Aeußere eines Professors erinnernd; dann der Marquis von Talhouet, der Minister der öffentlichen Arbeiten, eine schöne, elegante Erscheinung, trotz seines Alters von beinahe fünfzig Jahren, noch jugendlich und frisch, der wahre altfranzösische grand Seigneur; — Herr Maurice Richart, für welchen sein Freund Ollivier das Ministerium der schönen Künste geschaffen hatte, ein gutmüthiger, sorgloser Lebemann; dann der Kriegsminister, Marschall Leboeuf, eine militairisch kräftige Erscheinung, das volle, ein wenig aufgeschwemmte und regelmäßige Gesicht hatte durch den großen Bart auf der Oberlippe und dem Kinn einen etwas martialischen Ausdruck, der jedoch durch den gleichgültigen und oberflächlichen Blick der etwas vorstehenden Augen wieder abgeschwächt wurde; endlich der Admiral Rigault de Genouilly, dessen feines und intelligentes Gesicht mit dem Ausdruck verschlossenen Nachdenkens stets einen nicht ausgesprochenen Hintergedanken zu verstecken schien.

Der Kaiser setzte sich auf seinen Lehnstuhl in der Mitte des Tisches, und die Minister nahmen um ihn her Platz, Herr Ollivier zu seiner Rechten, Graf Daru zu seiner Linken; die Uebrigen nach der Reihenfolge ihres Ranges; die Minister des Krieges und der Marine dem Kaiser gegenüber.

„Ich habe Sie berufen, meine Herren Minister," sprach der Kaiser mit ruhiger, fast ausdrucksloser Stimme, indem er einen der auf dem Tische liegenden Bleistifte ergriff und einige unbestimmte Linien auf dem vor ihm bereit liegenden Papierbogen zeichnete, „ich habe Sie berufen, um Sie zu ersuchen, die Frage des Plebiscits, über welche ich bereits mit Jedem von Ihnen einzeln conferirt habe, nunmehr noch einmal gemeinschaftlich zu discutiren und dann darüber einen definitiven Beschluß zu fassen. Es handelt sich darum, die neue Institution, welche ich dem Kaiserreich geben zu sollen geglaubt habe und zu deren Befestigung Sie Alle so bereitwillig mir die Hand geboten haben, nochmal durch ein Votum der ganzen Nation, auf welchem ja das Kaiserreich selbst und seine frühere Verfassung beruhen, sanctioniren zu lassen. Und ich bitte Sie mit Ihrer gewohnten und von mir stets so hoch gewürdigten Freimüthigkeit mir Ihre Meinung darüber zu sagen."

Er wandte sich mit einer leichten Neigung des Kopfes zu Herrn Ollivier.

„Sire," erwiderte dieser in einem Ton, welcher an den gleichförmigen Pathos erinnerte, der eine Eigenthümlichkeit seiner Reden auf der Tribüne war — „Eure Majestät wissen, daß ich aus voller Ueberzeugung dem großen Gedanken zugestimmt habe, welchen Sie so eben aussprachen. Eine Regierung, welche so offen und rückhaltslos wie wir die Verfassung im Sinne der Freiheit ausbaut, darf sich nicht scheuen ihr Werk der Prüfung und Genehmigung des ganzen Volkes vorzulegen. Wir treten vor die Nation, nicht um zu fordern, sondern nur zu geben, und sind der dankbaren Zustimmung der großen Mehrheit der Bürger Frankreichs sicher; das Gewicht ihres Votums wird die Autorität und Macht des Kaiserreichs den innern und äußern Feinden gegenüber von Neuem kräftigen, und alle die Elemente, welche in der letzten Zeit so vermessen an der Entwickelung des gesellschaftlichen Lebens gearbeitet haben, werden vor dem fest und klar ausgesprochenen Willen der ganzen Nation schwinden. Ich habe die Form des Plebiscits ausgearbeitet. Der Herr Minister des Innern hat die Präfecten mit ausführlichen Instruktionen versehen, um die von der unversöhnlichen Opposition beabsichtigte massenhafte Enthaltung von der Abstimmung zu verhindern, und ich erlaube mir, Eurer Majestät vorzuschlagen, daß so wie das Senatuskonsult festgestellt ist, das Plebiscit ohne weitere Verzögerung vorgenommen werde, denn jeder Tag, um den dasselbe noch hinausgeschoben wird, giebt den Gegnern Gelegenheit, sich zu organisiren und ihre Agitationen immer mehr über das Land zu verbreiten. Die Form des Plebiscits würde nach meiner Ueberzeugung sehr einfach sein, sie würde sich auf wenige Zeilen reduciren, und ich werde meinen Entwurf bei meinen Herren Collegen circuliren lassen, um ihn dann mit ihren Zustimmungen oder etwa mit ihren Gegenvorschlägen Eurer Majestät zu unterbreiten."

Der Kaiser wandte sich mit einem verbindlichen Wink seiner Hand zu dem
Grafen Daru.

Der Minister der auswärtigen Angelegenheiten hatte ruhig und unbeweglich den Worten Olliviers zugehört; ebenso ruhig sprach er jetzt mit seiner etwas leisen, aber durch die scharfe Accentuirung der Worte deutlichen Stimme:

„Ueber die Form des Plebiscits, Sire, wird, wie ich glaube, unter uns kaum eine Meinungsverschiedenheit bestehen können. Es kann ja eben nur eine ganz einfache mit ja oder nein zu beantwortende Frage sein. Dagegen aber kann ich nicht unterlassen, Eurer Majestät noch einige sehr ernste und gewichtige Bedenken gegen die Sache selbst auszusprechen."

Der Kaiser blickte nicht auf, mit völlig ausdrucksloser Miene sah er auf das Papier nieder und zeichnete große krumme Linien, welche in einander greifend sich zu dem Bilde eines Adlerflügels vereinigten.

„Eure Majestät," fuhr Graf Daru fort, „haben vorhin bemerkt, daß das Kaiserreich auf dem freien Votum der ganzen Nation beruhe, wie das ja auch mit der Herrschaft des ersten Kaisers der Fall war. Das Volk hat seinen Willen ausgesprochen und sich nach einer Zeit innerer Unruhen und Kämpfe eine feste Staatsform und eine consolidirte Regierung gegeben, welche wir nunmehr dem Willen Eurer Majestät gemäß zu freierer, innerer Entwicklung zu führen haben. Da die Existenz des Kaiserreichs, der Grund seines Bestehens auf dem Plebiscit beruht, so halte ich es für bedenklich, der Sicherheit des Staatsgebäudes und vor allen Dingen auch der Dynastie Gefahr bringend, wenn man ohne eine absolute Nothwendigkeit auf die Grundfundamente der Monarchie wieder zurückgreift. Ich glaube nicht, — verzeihen mir Eure Majestät, daß eine Dynastie wirklich auf die Dauer feste und unzerstörbare Wurzeln schlagen kann, wenn bei jeder Gelegenheit derjenige Faktor, der ihr das Leben gegeben, wieder in die öffentliche Bewegung hineingezogen wird; das Volk durch unmittelbares Plebiscit hat einmal gesprochen und das Kaiserreich begründet — die weitere Entwicklung desselben muß nun seinen verfassungsmäßigen Vertretern überlassen werden. Das Kaiserreich selbst darf nicht wieder in Frage gestellt werden. Denken Eure Majestät, in welche gefährliche Lage, in welche falsche Position ein Souverain kommen müßte, der wie Eure Majestät es stets mit gerechtem Stolz gethan und wie Ihre Nachfolger es ohne Zweifel ebenfalls thun werden, sich den Erwählten der Nation nennt, wenn das Votum dieser Nation in einem spätern Plebiscit ihm ungünstig wäre? Ein abfälliges Votum des Corps legislativ greift nur das Ministerium an, ein abfälliges Plebiscit aber würde das Kaiserthum und die Dynastie selbst in Frage stellen." —

„So weit wir aber die Stimmung im Lande kennen," fiel Herr Ollivier ein, während der Kaiser fortwährend ganz theilnahmlos weiter zeichnete — „ist garnicht an die Möglichkeit zu denken, daß die allgemeine Abstimmung ungünstig ausfalle, vielmehr wird sie auf's Neue die Wurzeln des Kaiserreichs und der Dynastie kräftigen und immer tiefer in das nationale Bewußtsein dringen lassen."

„Ich zweifle nicht an dem Ausfall der Abstimmungen," erwiderte Graf Daru, indem flüchtig und fast unbemerkbar ein Zug feiner Ironie auf seinem kalten bleichen Gesicht erschien, „auch spreche ich nicht von der Thatsache, sondern von dem Prinzip, und im Prinzip muß ich dabei bleiben, daß ein wiederholtes Plebiscit gefährlich für die Dynastie ist, um so gefährlicher, wenn man jetzt etwa auf einen günstigen Ausfall desselben einen besonderen Werth zu legen beabsichtigt. Je mehr Bedeutung man dem zustimmenden Votum giebt, um so mehr gefährlicher würde eines Tages eine feindliche Abstimmung werden können. Außerdem bin ich des Erfolges noch nicht so vollkommen sicher. Die Majorität Derjenigen, welche stimmen, wird mit ja stimmen, daran zweifle ich nicht, ob es aber der Opposition nicht gelingen werde, eine sehr große Majorität für die Stimmenenthaltung zu gewinnen, darüber bin ich noch nicht vollkommen beruhigt; und der Eindruck einer solchen Enthaltung würde nicht nur in Frankreich, sondern auch im Auslande ein sehr bedenklicher sein müssen."

Herr Ollivier, welcher sich unruhig hin und her bewegt hatte, wollte mit einer Bemerkung einfallen.

Der Graf Daru erhob leicht mit einer artigen, aber bestimmten Wendung die Hand gegen ihn und fuhr fort.

„Wenn ich schon aus Rücksicht auf das Kaiserthum selbst und auf die Dynastie der Meinung bin, daß ein erneutes Plebiscit nur im Augenblick einer öffentlichen Gefahr oder gewaltiger nationaler Anstrengungen vorgenommen werden darf, so bestärkt mich in dieser Ansicht noch mehr die Rücksicht auf die freie und verfassungsmäßige Entwicklung des öffentlichen Lebens, deren Sicherung unsere Aufgabe ist. Wenn es als ein Grundsatz des öffentlichen Rechts anerkannt wird, daß die Regierung in jedem Augenblick und ohne bestimmte zwingende und in der Verfassung vorgesehene Gründe sich an das Volk wenden kann, so wird jedes constitutionelle Leben überhaupt eine Unmöglichkeit, denn die Regierung hat es in der Hand, bei jedem Conflict mit den Gesetzgebenden Körperschaften durch ein Plebiscit das ganze verfassungsmäßige Leben in Frage zu stellen. Daß Eure Majestät niemals einen solchen Gedanken haben werden," sagte er, sich gegen den Kaiser verneigend, — „davon bin ich überzeugt, indessen bei der Beurtheilung öffentlicher Rechtsprinzipien darf man nicht an die Person, sondern an die Sache und an die völlig objectiv gestellte Frage denken. Für mich spricht also sowohl die Rücksicht auf die Stabilität und die Unantastbarkeit der monarchischen Staatsform und der Dynastie als diejenige auf die wahre Freiheit des öffentlichen Lebens gegen eine Wiederholung des Plebiscits."

„Sie würden also, mein lieber Graf," sagte der Kaiser, indem er einen Augenblick flüchtig aufblickte und dann wieder in die Betrachtung des auf dem Papier vor ihm nunmehr deutlich erkennbaren Adlerflügels versank, „Sie würden also einer Berufung an das Volk Ihre Stimme nicht geben und wollen?"

„Ich habe meine prinzipmäßigen Gründe gegen das Plebiscit ausgesprochen," erwiderte der Graf. „Ich bin indessen ebenfalls überzeugt, daß beim absolut starren Festhalten an den Prinzipien practisch nicht regiert werden kann. Und da Eure Majestät und die meisten meiner Kollegen die Volksabstimmung für zweckmäßig halten, so würde ich mich derselben nicht unbedingt entgegenstellen."

Der Kaiser zog seine Linien weiter und weiter. Ein zweiter Adlerflügel begann sich an der Seite des ersten zu zeigen.

Auf Herrn Olliviers Gesicht erschien bei den letzten Worten des Grafen
Daru eine ziemlich erkennbare Verstimmung.

Der Minister der auswärtigen Angelegenheiten sprach weiter:

„Die Bedenken, welche ich gegen eine Wiederholung des Plebiscits so eben ausgesprochen und motivirt habe, können nach meiner Überzeugung auf eine sehr einfache Weise zum großen Theil beseitigt werden: Wenn nämlich der Grundsatz festgehalten wird, daß die Berufung an die unmittelbare Volksabstimmung nur Statt finden dürfe, wenn sich die Regierung und die Gesetzgebenden Körperschaften darüber verständigt haben. Dadurch würde nach beiden Richtungen die Garantie gegen den Eintritt derjenigen Gefahren gegeben, welche ich vorhin bezeichnete, und so würde die Absicht Eurer Majestät erreicht. Ich glaube, daß der Herr Großsiegelbewahrer," sagte er, sich an Ollivier wendend, „einer Verständigung in der von mir angedeuteten Richtung nicht abgeneigt ist, wenigstens habe ich bei meiner früheren Unterredung über diesen Gegenstand bei ihm die Geneigtheit bemerkt, auf meine Prinzipien einzugehen, und auf Grund derselben den Bestand des Cabinets zu sichern," sagte er mit fester Stimme, sich gegen den Kaiser verneigend.

Dieser hob ein wenig den Kopf empor und richtete den Blick

seines vollständig verschleierten Auges auf Herrn Ollivier.

„Der Gedanke des Grafen Daru," sagte er ruhig, „scheint mir eine sehr gute Grundlage für die Ausgleichung der entgegenstehenden Ansichten zu bieten. Es wäre gewiß sehr wünschenswerth, eine solche Verständigung zu erreichen, wenn dies nach Ihrer Überzeugung möglich ist."

Herr Ollivier richtete sich grade empor, ließ den unsichern Blick über seine in schweigender Zurückhaltung da sitzenden Kollegen gleiten und begann dann mit nachdrücklicher Betonung:

„Ich glaube nicht, daß der Gedanke des Herrn Ministers der auswärtigen Angelegenheiten ausführbar sei, wenn man sich die wahre staatsrechtliche Natur der Frage klar macht. Das Volk," fuhr er fort, „die französische Nation ist, Eure Majestät werden mir darin beistimmen," sagte er, sich gegen den Kaiser verneigend — „der eigentliche, in letzter Instanz definitiv über die Geschicke Frankreichs entscheidende Souverain. Die Vertreter im Corps legislativ sind nur Delegirte. Es entspräche nicht der Würde der Nation selbst, wenn Derjenige, an welchen sie ihre Souverainetät deligirt hätte, erst die Genehmigung der lediglich für die gesetzgeberische Arbeit abgeordneten Vertreter einholen müßte, um sich in großen Nationallebensfragen an das Volk selbst wenden zu dürfen. Zwischen dem Kaiser, das heißt dem General-Mandatar der souverainen Nation und dem Volk selbst darf kein untergeordneter Faktor stehen. Sie müssen frei, wenn es nothwendig ist, miteinander verkehren können, und der Kaiser muß das Recht haben, auch ohne die Zustimmung der parlamentarischen Körperschaften an das Volk selbst sich wenden zu können. Jede zufällige Majorität der Kammer würde ja sonst die Macht haben, die Berufung an das Volk zu verhindern. Ich für meine Person," schloß er mit bestimmtem Ton, „würde lieber dafür stimmen, das Plebiscit überhaupt aufzugeben, als es auf diese Weise von der Zustimmung einer Kammer abhängig zu machen, die vielleicht garnicht den Willen des ganzen Volkes und sein wahres Interesse vertritt."

Graf Daru hatte Herrn Ollivier ein wenig erstaunt angesehen, dann flog abermals jener Zug feiner Ironie über sein Gesicht, und als der Großsiegelbewahrer geendet, sprach er, während auf dem Papier des tief gebückt dasitzenden Kaisers sich nunmehr zwischen den beiden Flügeln auch der Kopf eines Adlers zu entwickeln begann:

„Ich bedaure, daß ich die Absicht des Herrn Großsiegelbewahrers bei unserer letzten Unterredung so falsch oder unklar aufgefaßt habe. Wäre mir damals seine Meinung so bestimmt erschienen, wie ich sie jetzt verstehe, so hätte ich schon früher alle Hoffnungen und alle Versuche zu einer Verständigung zu gelangen, aufgegeben. Ich muß Eurer Majestät aufrichtig erklären, daß wenn das Plebiscit ohne vorherige Verständigung mit der Kammer beschlossen werden sollte, ich nicht im Stande sein würde, länger ein Mitglied des Kabinets zu bleiben."

„Ich schließe mich der Erklärung des Herrn Grafen Daru vollständig an," sagte der Finanzminister Buffet mit rauhem und kurzem Ton. „Ich glaube, daß die Wiederholung der Plebiscite die freie Bewegung des konstitutionellen Lebens unmöglich macht und den Staat fortwährend mit der Wiederkehr absoluter Autocratie bedroht. Ich bitte Eure Majestät, wenn das Plebiscit nach der Anschauung des Herrn Großsiegelbewahrers beschlossen werden sollte, meine Entlassung zu genehmigen."

„Und was meinen die übrigen Herren Minister," fragte der Kaiser, unter dessen Bleistift sich nunmehr auch ein großer Adlerkopf bildete.

„Ich stimme Herrn Ollivier bei," sagte Ségris.

„Ich würde um der Einheit des Bestandes des Cabinets willen," sagte der Marquis von Talhouet, „wünschen, daß auf dem Boden des vom Grafen Daru ausgesprochenen Gedankens eine Verständigung erzielt werde. Indessen kann ich nicht mein Verbleiben im Cabinet von dieser Frage abhängig machen, und ich hoffe," fügte er verbindlich sich gegen den Grafen von Daru verneigend, hinzu, „daß auch unser verehrter Kollege von diesem äußersten Entschluß zurückstehen werde."

Graf Daru schüttelte schweigend den Kopf.

„Ich habe," rief Herr Ollivier rasch, „wahrlich für die Freiheit und die Rechte des Volkes gesprochen und gekämpft. Niemand wird mir dies Zeugniß versagen können. Jetzt aber ist es auch meine Pflicht, die Rechte der Krone zu vertreten und zu vertheidigen, und ich würde in einer solchen Anschauung der kaiserlichen Initiative, wie sie der Graf Daru vorschlägt, eine sehr gefährliche und bedenkliche Schmälerung der kaiserlichen Rechte erblicken."

Der Marschall Leboeuf und der Admiral Rigault de Genouilly stimmten in kurzen Worten dem Herrn Ollivier bei; ebenso Herr Maurice Richart und Herr Chevandier de Valdrome.

Zu den Flügeln und dem gekrönten Kopf des Adlers war auf dem Papier des
Kaisers bereits noch eine Kralle hinzugetreten, auf welcher ein kleiner
Reichsapfel ruhte.

Der Kaiser richtete ein wenig den Kopf auf, ohne daß sein Bleistift aufhörte in langsamer, anscheinend fast unwillkürlicher Bewegung Linie an Linie zu reihen.

„Ich höre also," sagte der Kaiser, „daß die Mehrzahl meiner Herren Minister dem Herrn Großsiegelbewahrer vollständig beipflichten, welcher sich für die schleunige Ausführung des Plebiscits und zwar ohne vorherige Verständigung mit den Kammern ausgesprochen hat. Hätten die Herren Minister gegen das Plebiscit überhaupt Bedenken gehabt, so hätte ich meinerseits kaum einen Grund gehabt, dasselbe durchaus zu wünschen, so sehr ich auch überzeugt bin, daß es den Institutionen des Kaiserreichs neue Kräfte geben werde. Da aber die große Majorität meiner Minister das Plebiscit für zweckmäßig und nothwendig hält, da sie zu gleicher Zeit die Modalität, welche der Graf Daru vorgeschlagen, nicht zu acceptiren geneigt sind, so bleibt mir nichts anderes übrig, als nochmals Sie, Herr Graf, zu bitten, aus der Sache keine Cabinetsfrage zu machen und Sie, Herr Minister," sagte er, sich an Herrn Ollivier wendend, „reiflich zu überlegen, ob Sie nicht im Stande wären, eine Kombination zu finden, welche sich dem Grafen Daru nähert, und es ihm möglich macht, Mitglied des Cabinets zu bleiben, in welches ich ihn mit so vielem Vertrauen berufen habe, und aus welchem ich ihn nur mit aufrichtigem Schmerz würde scheiden sehen."

Es war fast ein ängstlicher Ausdruck, mit welchem Herr Ollivier den
Kaiser bei den letzten Worten ansah.

„Eure Majestät wissen," sagte er schnell, „wie hohen Werth ich auf die Freundschaft und Mitwirkung des Grafen Daru und auf sein Verbleiben in dem Ministerium lege; indessen meine Anschauung und Überzeugung steht fest, und wie ich niemals im politischen Leben von derselben abgewichen bin, so kann ich es auch jetzt nicht, selbst auf die Gefahr hin, die bisher so fruchtbare und hoch erfreuliche gemeinschaftliche Arbeit mit dem Herrn Grafen zu unterbrechen. Meine Überzeugung steht fest," sagte er, die Hand auf die Brust legend, „und da auch die meisten meiner Kollegen dieselbe theilen, so kann ich um so weniger in einer so hoch wichtigen Frage auf irgend einen Kompromiß eingehen."

„Ich habe also," sagte der Graf Daru, ohne daß irgend eine Bewegung auf seinem Gesicht bemerkbar wurde, „Eure Majestät nochmals bestimmt um meine Entlassung zu bitten, da ich nicht im Stande bin, der von der Mehrzahl meiner Kollegen beschlossenen Maßregel meine Zustimmung zu geben."

„Ich muß die gleiche Bitte an Eure Majestät richten aus dem gleichen
Grunde," sagte Herr Buffet.

Der Adler auf dem Papier des Kaisers hatte eine zweite Kralle erhalten.

„Ich kann," sagte Napoleon, „da ich ja nicht mehr der persönliche Autokrat bin," fügte er lächelnd hinzu, „gegen den Beschluß meiner Minister nichts thun. Ich bitte Sie indeß, meine Herren," fuhr er fort, sich an die übrigen Minister wendend, „daß Sie sich der Aufgabe unterziehen mögen, in privater Besprechung und durch persönliche Einwirkung ein Einverständniß zwischen dem Grafen Daru und Herrn Ollivier zu ermöglichen. Ich bin überzeugt," fuhr er fort, indem er mit der linken Hand über seinen Bart fahrend den Mund verdeckte, während seine Rechte in der Kralle des Adlers vor ihm ein großes, hoch aufragendes Schwert erscheinen ließ, „daß Herr Ollivier ebenso wie ich das Ausscheiden des Grafen aus dem Cabinet beklagen würde, daß er Alles aufbieten wird, um eine Verständigung herbeizuführen. In einem Punkt bin ich jedoch vollkommen der Meinung, welche sich die meisten Herren hier angeeinigt haben, daß nämlich schnell gehandelt werden müsse, um der Opposition nicht die Zeit zu lassen, die Stimmenenthaltung zu organisiren. Ich hoffe also," sagte er aufstehend, indem er den Bleistift neben dem nunmehr vollendeten und mächtig bewehrten Adler niederlegte, „daß Sie mir morgen die Mittheilung von Ihrer allseitigen Verständigung machen werden, daß wir Alle miteinander gemeinschaftlich bei der Durchführung des begonnenen Werkes weiter arbeiten werden."

Er verneigte sich mit verbindlicher Höflichkeit nach allen Seiten und
verließ das Konferenzzimmer, in welchem die Minister noch fast eine
Stunde zurückblieben, auf alle mögliche Weise versuchend, das
Einverständniß zwischen Herrn Ollivier und dem Grafen Daru herzustellen.

Alle Versuche scheiterten jedoch an der kalten Ruhe, mit welcher der Graf Daru an seiner Ansicht festhielt und an der pathetischen würdevollen Unbeugsamkeit, mit welcher Herr Ollivier erklärte, auch nicht in einem Punkt von seiner Überzeugung abgehen zu können.

Siebentes Capitel.

Napoleon war in sein Cabinet zurückgekehrt, heiter und zufrieden lächelnd rieb er sich leicht die Hand, während er einige Male langsam auf- und niederging.

„Alles geht vortrefflich, Drouin de L'huys hat vollkommen Recht, diesen Ollivier kann man Alles thun lassen, was man will, ein wenig Balsam für seine Eitelkeit, ein wenig Köder für seinen Ehrgeiz, und er lancirt sich gesenkten Hauptes in jede Bahn, auf welcher man seiner bedarf. Die Dinge fügen sich so gut, wie ich es nur irgend wünschen kann, das Plebiscit wird gemacht, — und ich bedarf des Plebiscits," sagte er sinnend vor sich hinblickend, „um diesen unversöhnlichen Rednern der Kammer zu zeigen, daß sie nicht mich angreifen, sondern den Willen der Gesammtnation, und daß nicht sie die Vertreter der Anschauungen Frankreichs sind, sondern ich selbst, — ich bedarf es dem Auslande gegenüber, um den europäischen Cabinetten zu zeigen, daß ich noch heute so unumschränkt wie früher über die Macht Frankreichs gebiete, — das Plebiscit wird gemacht werden, und zwar bin nicht ich es, der es macht, sondern meine Minister unter der Führung dieses höchst liberalen und konstitutionellen Herrn Ollivier. Und wenn dieser zweifelhafte Graf Daru und dieser schwer zu behandelnde Buffet aus dem Cabinet ausscheiden, so werde nicht ich sie entlassen haben, sondern sie werden es sein, die sich von der Majorität der Minister trennen. Alles ist ja konstitutionell und verfassungsmäßig," sagte er lächelnd, „und doch geschieht es wie ich will. Vielleicht," sprach er nachdenklich, „läßt sich mit dieser konstitutionellen Maschine noch besser regieren, als wenn man allein steht und ganz allein auch alle Verantwortlichkeit tragen muß."

Er ließ sich langsam in seinen Lehnstuhl nieder, bereitete sich sorgfältig aus dem auf einem kleinen Tisch daneben stehenden türkischen Taback eine Cigarrette, entzündete dieselbe an der brennenden Kerze und bewegte eine kleine Handglocke.

„Bereiten Sie Alles vor," sagte er dem eintretenden Kammerdiener, „ich will meine militairische Promenade machen, in einer Stunde habe ich eine Revue abzuhalten."

Der Kammerdiener entfernte sich durch die Thür, welche in das
Toilettenzimmer des Kaisers führte.

„Der Graf Bismarck," sagte der Kaiser, indem er mit vergnügtem Gesicht die blauen Wolken des aromatischen Tabacksrauchs in die Luft blies, „hat Recht mit dem Rath, den er mir einst gab, je mehr ich die konstitutionelle Doctrin in die Regierung einführe, um so mehr muß ich meine militairische Macht stärken und das persönliche Band zwischen mir und der Armee fester ziehen, damit habe ich das Correctiv in der Hand, und wenn die Wellen jemals zu hoch gehen sollten, so wird es leicht sein, sie wieder auf das richtige Niveau zurückzuführen. Bis jetzt sind sie noch leicht zu leiten und trägt das Schiff das Kaiserreich ruhig in der Richtung fort, welche ich vorgezeichnet habe," — und sich bequem auf den Stuhl zurücklehnend schloß er halb träumend die Augen, indem er in großen Zügen den duftigen Rauch seiner Cigarrette einsog.

Nach einiger Zeit öffneten sich die Flügel der Thüre, und die Kaiserin schritt schnell, noch bevor der Huissier sie anmelden konnte, an demselben vorüber in das Zimmer.

Ihre Mienen zeigten Unruhe und lebhafte Bewegung, sie eilte auf den Kaiser zu, welcher sich langsam erhob, drückte ihn sanft wieder in seinen Lehnstuhl zurück und sagte, indem sie sich ihm gegenüber setzte:

„Ich höre, daß die Ministerconferenz zu Ende ist und bin unendlich gespannt, was das Resultat derselben sei, — sobald die Meinungsdifferenzen ausgeglichen, wird das Plebiscit ohne Schwierigkeit durchgeführt werden?"

„Das Plebiscit ist beschlossen," sagte der Kaiser, indem er den Rest seiner Cigarrette fortwarf, „die große Majorität meiner Minister waren darüber einig, nur," fügte er mit einem schnellen Blick auf seine Gemahlin und einem fast unwillkürlichen Lächeln hinzu, „Graf Daru und Herr Buffet können sich der Ansicht der Uebrigen nicht anschließen. Ich werde sie verlieren," fügte er wie bedauernd den Kopf schüttelnd hinzu, „ich habe ihnen die Entlassung, um die sie gebeten, nicht verweigern können, da sie sich nicht im Einklang mit den Uebrigen befinden."

Die Kaiserin schlug ihre schlanken weißen Hände gegen einander, ein
Blitz triumphirender Freude sprühte in ihren Augen auf.

„Wir sind Daru los," rief sie aus, „diesen verkappten Orleanisten, diesen Freund des Protestanten Guizot, der uns mit dem heiligen Stuhl hätte brouilliren mögen. Welch ein Glück," — fuhr sie nach einer kleinen Pause fort, — „haben Sie schon darüber nachgedacht, wer sein Nachfolger in den auswärtigen Angelegenheiten sein soll?"

„Das ist eine sehr schwierige Frage," sagte Napoleon langsam, — „eine sehr schwierige Frage, welche ein tiefes und eingehendes Nachdenken erfordert. Ich glaube, da das ganze Interesse sich in diesem Augenblick auf die inneren Fragen concentrirt und wir eigentlich gar keine auswärtige Politik machen, so wird es am besten sein, das Provisorium einige Zeit lang bestehen zu lassen — Ollivier ist bereit, dasselbe zu führen."

Immer strahlender und heiterer wurde das Gesicht der Kaiserin.

„Ollivier," rief sie, „das Provisorium des auswärtigen Ministeriums! Louis," rief sie, ihm die Hand reichend, welche er galant an die Lippen führte, „ich bewundere Sie, das ist ein Meisterstreich! Dieser Ollivier ist ein Schleier, den man ganz Europa gegenüber über unsere Politik wirft, und hinter diesem Schleier wird man thun und vorbereiten können, was man will, ohne daß irgend Jemand, er selbst am wenigsten," sagte sie lachend, „eine Idee davon hat. Aber später," sagte sie dann — „nach Ollivier, denn Ollivier kann doch nur so lange Minister sein, bis —" sie unterbrach sich —

„bis wir es für zweckmäßig finden werden," ergänzte der Kaiser ihren Satz, „unserer auswärtigen Politik einen bestimmten Stempel aufzudrücken, und dann wird die Wahl der Person doch immer von dem System abhängig sein müssen, welches dann zu befolgen für nothwendig erscheinen sollte."

„Ich habe Ihnen neulich von Grammont gesprochen," sagte Eugenie mit einem forschenden Blick auf den Kaiser, „der mir alle Eigenschaften in sich zu vereinigen scheint, welche Ihr auswärtiger Minister in einem entscheidenden Augenblick haben müßte, und der Ihnen persönlich und unserer Dynastie tief ergeben ist, indem er die monarchischen Traditionen seiner legitimistischen Familie nunmehr auf das Kaiserreich überträgt, nachdem er sich dem Dienst desselben gewidmet hat. Grammont kennt besonders genau die Verhältnisse Österreichs, das doch für unsere auswärtige Politik und für unsere auswärtige Action," fügte sie mit besonderer Betonung hinzu, „einer der wichtigsten Factoren ist."

„Es würde nur darauf ankommen," sagte der Kaiser, ohne den Blick seiner Gemahlin zu erwidern, „welche Politik man nach Außen inauguriren wird, nachdem diese inneren Angelegenheiten zum Abschluß gebracht sind. Unter gewissen Verhältnissen würde allerdings Grammont eine sehr geeignete Persönlichkeit sein."

„Unter allen," sagte die Kaiserin, „Grammont ist ebenso geschickt und geschmeidig, als ergeben."

„Nun," sagte der Kaiser, „man könnte ihn ja dann wieder hierher kommen lassen. Ich habe früher ausführlich mit ihm über die Lage der Verhältnisse gesprochen und würde persönlich sehr gern mit ihm verkehren. Es käme aber darauf an, ob er sich mit den übrigen Führern des Cabinets verständigen könnte, denn wir haben ja jetzt ein constitutionelles Regiment —"

Die Kaiserin zuckte die Achseln.

„Namentlich," fuhr Napoleon fort, „ob er mit Ollivier zu harmoniren im
Stande wäre!"

„Ollivier," rief die Kaiserin, „dieser spartanische Bürger wird überglücklich sein, in einem Cabinet mit einem Herzoge aus dem alten Hause der Guiche und der Grammont sich zu befinden." —

„Wir wollen weiter darüber sprechen, wenn das Plebiscit vollendet sein wird," sagte der Kaiser.

Die Kaiserin ließ einen Augenblick mit einer anmuthigen Beugung ihres schlanken Halses den Kopf auf die Brust sinken.

„Er hat einen Hintergedanken," flüsterte sie unhörbar.

Dann blickte sie den Kaiser mit ihren großen, klaren Augen ruhig und gleichgültig an.

„Man hat in diesen Tagen," sagte sie, „wieder von einer Combination gesprochen, welche, wie ich glaube, schon im vorigen Jahre einmal flüchtig erörtert wurde, von einer Candidatur des Prinzen von Hohenzollern für den spanischen Thron" —

Der Kaiser warf schnell einen flüchtigen Blick auf seine Gemahlin hin —

— „vielleicht wäre es gut, wenn sich das machen ließ," fuhr Eugenie fort, „ich bedaure die unglückselige Königin Isabella auf's tiefste und würde vor allen Dingen wünschen, daß ihr oder ihrem Sohn der spanische Thron gerettet werden könnte, allein, wie die Verhältnisse stehen und bei den so unschlüssigen und politisch unklaren Rathgebern, mit denen sie umgeben ist, scheint mir leider zu meinem tiefen Bedauern dazu wenig Aussicht zu sein. Wenn es nun möglich wäre, die für Frankreich und für uns ungünstigste Chance auszuschließen, — die Candidatur des Herzogs von Montpensier, welcher der Orleanistischen Agitation in Spanien einen festen Halt geben würde, so wäre es vielleicht nicht unerwünscht, einen jungen, uns befreundeten und verwandten Prinzen, der außerdem gut katholisch ist, auf diesem spanischen Thron zu wissen."

„Der Prinz von Hohenzollern," sagte der Kaiser in demselben gleichgültigen Ton, in welchem seine Gemahlin gesprochen hatte, „steht dem preußischen Hause sehr nahe, und seine Thronbesteigung in Spanien würde einen Einfluß des Berliner Cabinets im Süden der Pyrenäen begründen, der den Interessen Frankreichs nicht zu entsprechen scheint. Ich habe deshalb, als im vorigen Jahre die Sache angeregt wurde, erklären lassen, daß die Candidatur des Prinzen von Hohenzollern eine antinationale sei, während diejenige des Herzogs von Montpensier nur meiner Dynastie feindlich ist. So sehr ich daher," fuhr er fort, „an dem einmal ausgesprochenen Prinzip festhalte, der spanischen Nation gegenüber, was ihre Entschließungen für die Zukunft betrifft, die strengste Zurückhaltung zu beobachten, so habe ich doch auch nicht verhehlt, daß eine Candidatur des Prinzen von Hohenzollern auf eine Zustimmung von Frankreich nicht zu rechnen habe. Seit jener Zeit," sagte er, die Achseln zuckend, „habe ich nichts wieder davon gehört, möglich, daß die Sache noch einmal wieder aufgenommen wird. Ich stehe noch auf demselben Standpunkt wie damals und ich glaube nicht, daß Frankreich einen preußischen Prinzen auf dem spanischen Thron sich ruhig gefallen lassen könnte."

„Sie würden also," sagte die Kaiserin, „noch lieber Montpensier als den
Erbprinzen von Hohenzollern in Madrid regieren sehen?"

„Unbedingt," erwiderte der Kaiser mit festem Ton, „denn ich werde stets die Interessen meiner Person und meines Hauses denjenigen Frankreichs nachstellen."

„Nun," sagte die Kaiserin, „dann wird aus der Sache nichts werden, denn ich glaube nicht, daß Prim etwas thun wird, wovon er weiß, daß Sie es nicht billigen."

„Ich habe keine Veranlassung gehabt," sagte der Kaiser, „über diese Frage mit Prim meine Gedanken auszutauschen, und es ist in der That nicht nur eine Phrase, wenn ich versichere, dieser ganzen spanischen Angelegenheit völlig fern bleiben zu wollen. — Sie wollen mich nicht zu der Revue begleiten, die ich auf dem Carousselplatz abhalten will," sagte er abbrechend, „ich habe die Garde de Paris und die Pompiers, auch eine Schwadron Seine-Gendarmerie zu der Truppenaufstellung hinzugezogen. Es ist in dieser Zeit immer gut, wenn man auch diesen Corps möglichst viel militairisches Gefühl einflößt."

„Ich danke," erwiderte die Kaiserin, „ich habe verschiedene

Audienzen zu geben.

Au revoir," fügte sie hinzu, indem sie aufstand und ihrem Gemahl die
Wange reichte. „Ich wünsche Ihnen nochmals Glück, diesen heimlichen
Orleanisten aus Ihrem Rath entfernt zu haben."

Der Kaiser geleitete seine Gemahlin zur Thür und kehrte dann nachdenklich und ernst in sein Zimmer zurück.

„Es geht etwas mit dieser spanischen Candidatur Hohenzollerns vor," flüsterte er vor sich hin, „man möchte diesen Fall zu einer Kriegsfrage zurecht machen — ich durchschaue das Alles sehr gut, man will sich versichern, daß ich mich wirklich einer solchen Candidatur ernstlich und energisch widersetzen würde, um in diesem Falle die Ereignisse danach gestalten zu können. Ich lasse das Alles gehen," sagte er lächelnd, „diese Candidatur des Prinzen Leopold, die man da so unvermuthet als einen plötzlichen und unabwendbaren Kriegsfall vor mich hinstellen möchte, kann mir vielleicht sehr gute Dienste leisten und mir die Handhabe bieten, die ganze Lage der Dinge, ohne diese lärmende und unsichere Entscheidung der Waffen zu meinen Gunsten zu gestalten. Ich glaube nicht," sagte er nachdenklich, „daß das Cabinet von Berlin oder der König von Preußen auf diese Hohenzollernsche Candidatur einen besondern Werth legen wird, — Benedetti glaubt, daß der Graf Bismarck ihm nicht seinen letzten und innersten Gedanken ausgesprochen habe, — mir scheint, Benedetti täuscht sich, vielleicht möchte es eher dem preußischen Stolz widerstreben, einen Prinzen, der in vielen Beziehungen mit dem dortigen königlichen Hause zusammenhängt, sich auf einen Weg begeben zu sehen, der zu einem ähnlichen Schicksal führen kann, als es den Herzog Maximilian in Mexico erreichte. Wenn diese Candidatur wirklich eine ernste Form gewinnt, so wird die Gelegenheit da sein, ein kräftiges und volltönendes Wort zu sprechen und die Zurückziehung derselben vor dem übrigen Europa als einen moralischen Sieg über Deutschland und Preußen erscheinen zu lassen. Damit wird eine große Sache gewonnen sein — die Wiederherstellung des französischen erschütterten Selbstgefühls und des Vertrauens in die Überlegenheit der kaiserlichen Regierung. Lassen wir also die Dinge immerhin gehen, — ich glaube, sie gehen einen guten Weg, und ich werde dahin kommen, mich aus allen Verlegenheiten, die mich umringen, ohne eine kriegerische Entscheidung, welche ich in den Leiden meiner Krankheit mehr als je vorher scheue — zu entziehen."

Der Huissier öffnete die Thür und meldete:

„Seine kaiserliche Hoheit der Prinz Napoleon."

Der Kaiser seufzte und zuckte unwillkürlich die Achseln mit einer Miene, welche anzudeuten schien, daß ihm dieser Besuch nicht allzu erfreulich sei, indessen neigte er zustimmend den Kopf und ging mit freundlichem Gruß dem Prinzen die Hand reichend, seinem Vetter entgegen, welcher raschen und unruhigen Schritts in das Cabinet trat.

„Ich bin erfreut, Dich zu sehen, mein lieber Vetter," sagte der Kaiser, „indessen habe ich nur wenige Augenblicke, da die Truppen bereits auf dem Carousselplatz aufgestellt sind und die Stunde der Revue geschlagen hat."

Der Prinz Napoleon war eine eigenthümliche Erscheinung, welche man kaum hätte vergessen können, wenn man ihm einmal begegnet war. Sowohl in seiner Figur, als in seinem olivenfarbenen scharf geschnittenen bartlosen Gesicht mit dem kurzen schwarzen Haar zeigte er eine sehr charakteristische Ähnlichkeit mit seinem großen kaiserlichen Oheim; — während indeß auf den Zügen des Letzteren jene edle, antik klassische Ruhe lag, welche die Köpfe aus der großen Kaiserzeit des alten Roms charakterisirt, während die Augen des weltbeherrschenden Imperators tief sinnend vor sich hinblickten oder weltentzündende zorngewaltige Blitze schleuderten, — lag in dem ganzen Wesen des Prinzen eine zerfahrene Unruhe und fieberhafte Hast, welche mit dem antiken Schnitt seines Gesichts durchaus nicht vereinbar schienen und seiner ganzen Erscheinung den Ausdruck wohlthätiger Ruhe und Harmonie raubten; seine Augen blickten unstät hin und her, seine Lippen zuckten in fortwährend bewegtem Mienenspiel, und in kurzen Zwischenräumen öffnete sich sein Mund zu einem unwillkürlichen, krampfhaft nervösen Gähnen. Auch seine Gestalt war stärker und gedrungener als die des großen Kaisers, und wenn er mit heftigen Gesticulationen seine Worte begleitete, so brachten seine Bewegungen fast einen komischen Ausdruck hervor.

Der Prinz trug einen schwarzen Civilmorgenanzug, einen hohen Cylinderhut in der Hand, die große Rosette der Ehrenlegion im Knopfloch.

„Ich will Eure Majestät nur einen Augenblick aufhalten," sagte er, mit einer gewissen rauhen Betonung die Worte hervorstoßend, „es drängt mich, von Eurer Majestät selbst zu hören, ob die Gerüchte, welche die Stadt zu durchlaufen beginnen, wahr sind. Eure Majestät," fuhr er fort, „kennen die tiefe Ergebenheit, welche ich für Sie hege als für den Chef meiner Familie und für den liebevollen Freund meiner Jugend, — bei dieser tiefen Ergebenheit müssen die Gerüchte, welche so eben bis zu mir gedrungen sind, mich mit tiefer Unruhe erfüllen."

„Und welche Gerüchte meinst Du," fragte der Kaiser ruhig und kalt, indem er sich in seinen Lehnstuhl niederließ und den vollen Blick seines groß geöffneten Auges auf den Prinzen richtete, welcher vor ihm stehen blieb und vor diesem scharfen forschenden Blick mit leichter Verlegenheit die Augen zu Boden schlug.

„Ich meine das Gerücht von dem Grafen Daru," sagte der Prinz rasch und heftig, „ganz Paris spricht bereits davon. Man erzählt, daß Du," fuhr er immer lebhafter fort, indem er die ceremonielle Haltung, welche er bei seinem Eintritte angenommen hatte, vergaß, — „das Plebiscit unter allen Umständen durchführen willst, und daß deswegen Graf Daru, der in der That nicht zu meinen Freunden gehört, aber der dadurch in diesem Augenblick populär werden wird, sich von den Geschäften zurückziehen will."

„Es handelt sich um keine Differenz zwischen dem Grafen Daru und mir," erwiderte der Kaiser. „Der Graf befindet sich in Meinungsverschiedenheit mit Ollivier und den übrigen Ministern, es ist eine vollständig constitutionelle Krisis," fügte er mit leichtem Lächeln hinzu, „in welche ich einzugreifen außer Stande bin."

„Eine constitutionelle Krisis," rief der Prinz lebhaft, indem er laut auflachte und dann die Hand einen Augenblick vor den Mund hielt, um einen Gähnkrampf zu verbergen, der ihn erfaßte, — „eine Meinungsdifferenz mit Ollivier? Hat denn dieser Ollivier," fuhr er fort, „eine Meinung, die nicht die Deinige ist? — Doch darum handelt es sich nicht, es handelt sich nicht um die augenblickliche Situation," sprach er rasch weiter, — „ob Daru bleibt oder geht, ist mir in der That sehr gleichgültig, — aber der Grund dieser Krisis — der Grund dieses Plebiscits — was willst Du mit dem Plebiscit machen — wozu diese fortwährenden Revuen in einer Zeit, in welcher alle militairischen Fragen so vollständig in den Hintergrund treten, — Du hast einen Plan, Du willst den Krieg, Du willst unter der Maske dieses

Ollivier, unter dem Schein des Constitutionalismus die Dictatur wieder herstellen, um plötzlich hervorbrechen zu können und den europäischen Staatsstreich, wie man es nennt, auszuführen, oder vielleicht," fuhr er fort, indem sein stechender Blick sich mit dem Ausdruck des Hasses und des Zorns erfüllte, „oder vielmehr Andere wollen dies. Man will Dich dahin bringen, es auszuführen."

Der Kaiser hatte völlig unbeweglich ohne jeglichen Ausdruck auf seinem
Gesicht den heftigen Worten des Prinzen zugehört, ein wenig auf die
Seite geneigt, ließ er langsam die Spitzen seines Schnurrbarts durch die
Finger gleiten und sagte mit einem unendlich naiven Ton:

„Du glaubst?"

„Ja," rief der Prinz zornig, mit dem Fuße stampfend, „ich glaube es und ich glaube auch, daß Du auf einen Weg gehst, der Frankreich, Dich und uns Alle in's Verderben stürzen wird, — wir können nicht schlagen, — ich weiß es, — man täuscht Dich, — Deine großsprechenden Generale, dieser Leboeuf an der Spitze, glauben, daß man mit Phrasen den Kampf gegen eine so furchtbare Macht wie Preußen aufnehmen kann. Sie Alle haben gar keine Idee von dem, was man zum Kriege nöthig hat — selbst Niel wäre nach meiner Überzeugung noch nicht fertig für einen so gewaltigen Kampf, aber diese — die Dich jetzt umgeben, haben das Werk Niels nicht nur nicht fortgesetzt, sie haben es wieder zu Grunde gerichtet. Deine Armee ist in Unordnung, die Festungen sind nicht im gehörigen Stand, die Magazine sind nicht gefüllt, die Organisation der Militairverwaltung ist mehr als mangelhaft, und wenn Du Dich zu diesem Kriege hinreißen läßt, so wirst Du, — ich wiederhole es — uns Alle zu Grunde richten."

Der Kaiser blieb fortwährend unbeweglich.

„Ich begreife nicht, mein lieber Vetter, wie Du auf diese Idee kommst, — es ist ja nicht die kleinste Wolke am politischen Himmel, und es handelt sich ja in diesem Augenblick ganz ausschließlich nur um innere Fragen. Was übrigens unsere Armee und die Militairverwaltung betrifft, so ist die Ansicht sehr bewährter Generale eine andere als die Deinige und," fügte er mit einem mehr gutmüthigen als ironischen Lächeln hinzu, „jenen steht vielleicht eine größere praktische Erfahrung als Dir zur Seite."

„Es gehört nicht eine allzu große praktische Erfahrung dazu," erwiderte der Prinz in entrüstetem Ton, „um das zu sehen, was Jedermann sehen kann und was man Dir allein mit Erfolg zu verbergen sucht, da Dein zu großes Vertrauen Dich verhindert, der Sache auf den Grund zu gehen. Ich bitte Dich, untersuche wenigstens, bevor Du Dich zu gefährlichen Unternehmungen hinreißen läßt, genau den Zustand der Armee, — untersuche ganz besonders den Zustand der Flotte, dieser ist noch bedenklicher als der der Landtruppen."

„Mein liebes Kind," sagte der Kaiser in einem väterlichen freundlichen Ton, „Du agitirst Dich ohne Grund, glaube mir, die Absichten, die Du voraussetzest, bestehen nicht."

„Sie bestehen nicht?" rief der Prinz. „Sie bestehen vielleicht bei Dir nicht, aber sie bestehen rings um Dich her, und man wird Dich so umgarnen, man wird alle Verhältnisse so drehen und wenden, daß Du schließlich nicht anders können wirst, als die Pläne derer auszuführen, welche in ihrer Verblendung dazu bestimmt scheinen, Dich und uns Alle in's Unglück zu stürzen. Die Kaiserin —"

Der Kaiser stand auf; für einen Augenblick schien er

vollkommen Herr über die Schwäche zu sein, welche seine Haltung gewöhnlich unsicher und schwankend erscheinen ließ. Er richtete den Kopf hoch empor, seine Augen öffneten sich weit und leuchteten im tiefen Glanz auf, aus seinen Zügen strahlte eine wunderbare Hoheit und Ueberlegenheit, und mit einer vollen, metallisch klingenden Stimme sprach er:

„Mein lieber Vetter, ich bin das Haupt unserer Familie und das erwählte Oberhaupt der französischen Nation, ich trage die Verantwortlichkeit für meine Entschließungen und bin mir dieser Verantwortlichkeit vollkommen bewußt, — auf meine Entschließungen aber hat Niemand Einfluß, als die ruhige Erwägung und die richtige Beurtheilung der Verhältnisse, Niemand," wiederholte er mit strenger Betonung, „und auch kein Glied meiner Familie — kein Glied derselben ohne Ausnahme."

Er schwieg einen Augenblick, dann fügte er mit milderem Ton hinzu, indem er dem Prinzen die Hand reichte:

„Ich danke Dir für Deine Theilnahme an dem Geschick Frankreichs und an dem Meinigen und bin überzeugt, daß, wenn ernstere Ereignisse eintreten sollten, wozu in diesem Augenblick nicht die geringste Veranlassung vorliegt, Du an dem Platz, an welchem ich Dich dann zu stellen beschließen werde, mit voller Hingebung und Selbstverleugnung Deine Schuldigkeit thun wirst.

„Ich bin," sagte er mit höflichem, aber bestimmtem Ton, „bereit, mit Dir in ruhigen Augenblicken diese Unterhaltung fortzusetzen; für jetzt muß ich Dich bitten, mich zu entschuldigen, denn die Stunde der angesagten Revue ist bereits vorüber, und Du weißt, daß selbst unser großer Oheim den unumstößlichen Grundsatz hatte, die Truppen niemals warten zu lassen, sondern ihnen stets das

Beispiel genauester Pünktlichkeit zu geben."

„Du willst mich nicht hören," rief der Prinz heftig, — „Du kannst Dich noch immer nicht gewöhnen, in mir den reifen Mann zu sehen, Du glaubst also den Fremden mehr — als mir, der ich Dir doch wahrlich am nächsten stehe. Nun, ich werde nicht müde werden, auch auf die Gefahr hin, Dir zu mißfallen, bis zum letzten Augenblick Dir meine Meinung zu sagen."

„Und ich werde Dich immer mit Aufmerksamkeit und mit der alten Liebe anhören, die ich Dir stets bewiesen habe," sagte der Kaiser, indem er seinem Vetter die Hand reichte, „auf Wiedersehen!"

Der Prinz drückte die Hand des Kaisers so heftig, daß dieser sie schnell zurückzog. Seine Lippen öffneten sich, es schien, als wolle er noch Etwas sagen, doch er verneigte sich nur schweigend und sich schnell umwendend, stürmte er aus dem Cabinet hinaus.

„Welch' ein unregelmäßiger Geist," sagte der Kaiser, ihm nachblickend, „wie schade ist es um all' die vortrefflichen Eigenschaften, welche er besitzt, um all' die großen Keime, welche unerschlossen in ihm ruhen oder welche nach falscher Richtung hin sich entwickelt haben. — Was meine Verwandten betrifft," sagte er dann mit einem halb ironischen, halb wehmüthigen Lächeln, „so könnten die Prinzen der ältesten und legitimsten Dynastie ihrem Souverain kaum mehr Verlegenheit bereiten, als meine Herren Vettern es mir thun, — dieser unglückliche Pierre, der Victor Noir erschossen, — Murat, der diesen kleinen Lecomte geprügelt — und dieser Napoleon, der seinen reichen Geist und seine wirklich tiefen Kenntnisse nur dazu benutzt, um überall Verwirrungen zu stiften, — vielleicht sollte ich strenge gegen ihn sein, ich sollte ihn mehr fühlen lassen, daß ich der Chef des Hauses und der Souverain Frankreichs bin, denn zuweilen überschreitet er wirklich die Grenzen des Erlaubten. Aber," sagte er, den Kopf sinnend auf die Brust senkend, „ich habe eine Schwäche für ihn, — ich habe ihn ein wenig mit erzogen, — in seinen Adern rollt das Blut des großen Kaisers, und dann — er ist der Bruder dieser so edlen und so großherzigen Mathilde, — die unter Allen meine treueste Freundin ist."

Er faltete die Hände und blieb längere Zeit in tiefem Sinnen stehen, dann fuhr er auf, strich mit der Hand über die Stirn, als wolle er Bilder und Erinnerungen verscheuchen, die vor ihm aufgestiegen waren, warf einen raschen Blick auf seine Uhr und begab sich schleunigst in sein Toilettenzimmer.

Auf dem Carousselplatz innerhalb des großen Vierecks, welches die durch den Kaiser vereinigten Paläste der Tuilerien und des Louvre bildeten, war eine Division Infanterie aufgestellt, darunter das zweite Regiment der Grenadiere der Garde mit den gewaltigen Bärenmützen, welche man auf den Schlachtenbildern des ersten Kaiserreichs erblickt und welche noch bis zu jener Stunde den Stolz der alten Garde bildeten; die langbärtigen Sappeurs mit ihren weißen Schurzfellen, ihren hohen Stulphandschuhen und ihren blitzenden Beilen an der Spitze der Bataillone — daneben acht Batterien der Artillerie mit der an die deutschen Husaren erinnernden Uniform, den Dolmans und Colpacks, — die Garde de Paris und die Seine-Gendarmerie zu Pferde, welche fast unverändert die Uniform der Grenadiere à Cheval des ersten Kaiserreichs trugen; neben diesen standen die Pompiers, diese militairische Feuerwehr mit ihren blitzenden Helmen.

Eine große Menschenmenge umringte, von den Sergeants de Ville zurückgehalten, die Aufstellung der Truppen, deren Waffen im hellen Sonnenschein blitzten.

Das alte Schloß der Tuilerien und alle diese Uniformen nach den Mustern des ersten Kaiserreichs riefen lebhaft die Bilder der Vergangenheit in's Gedächtniß. Und als nun das Gitterthor an dem innern Hof der Tuilerien sich öffnete, die zwei davor haltenden Kürassierposten sich militairisch empor richteten, — als die Suite der Adjutanten und Ordonnanzofficiere vor dem Haupteingang des Palastes sich rangirten, die Reitknechte die Pferde heranführten und der Marschall Canrobert, der in der goldglänzenden Uniform mit den weißen wallenden Federn auf dem goldbordirten Hut, den Marschallstab in der Hand, von seiner Suite umgeben, in der Mitte der Truppnenaufstellung hielt, sich in dem Sattel aufrichtete und noch einen letzten Blick über die in musterhafter Haltung dastehenden Truppen warf, da hätte man fast erwarten können, aus dem großen Portal der Tuilerien heraus die kleine Gestalt des welterobernden Cäsars mit dem ehernen Gesicht und dem leuchtenden Feldherrnblick hervortreten zu sehen, um wie an dem Tage der großen Vergangenheit seine Soldaten zu mustern, welche die Adler Frankreichs siegreich nach allen Hauptstädten Europa's getragen hatten. —

Die Stallknechte führten das schöne weiße Leibpferd des Kaisers vor das
Portal.

Etwas unsichern Ganges erschien Napoleon III. in der Generallieutenants-Uniform, das große rothe Band der Ehrenlegion über der Brust. Die Hinfälligkeit seiner Gestalt, die krankhafte Schlaffheit seiner Gesichtszüge waren in der militairischen Kleidung noch sichtbarer und auffälliger, als im Civilanzug. Er setzte den Fuß in den Bügel und langsam, mit einer gewissen Anstrengung hob er sich in den Sattel hinauf. Ein Augenblick zuckte es wie stechender Schmerz durch sein Gesicht, dann nahm er wie mit lebhafter

Willensanstrengung eine feste Haltung an; und selbst jetzt, trotz seiner von Alter und Krankheit gebrochenen Kraft konnte man doch noch eine Spur jener Leichtigkeit und Sicherheit erkennen, welche ihn einst zu einem der besten Reiter Europa's gemacht hatten.

Die ganze glänzende militairische Suite des Kaisers, welche ihn zu Fuß erwartet hatte, saß in demselben Augenblick, in welchem der Kaiser in den Sattel gestiegen war, zu Pferde. Hundert Garden mit den goldglänzenden antiken Helmen und den blauen gold- und scharlachschimmernden Uniformen sprengten vor; und langsam ritt der Kaiser durch das Gitterthor der Truppenaufstellung entgegen.

Marschall Canrobert und sein Stab sprengten heran, der Marschall grüßte mit dem Stabe und erhob denselben dann, indem er sich nach den Truppen hinwandte; in demselben Augenblick begannen die sämmtlichen Musikkorps jene einfache Melodie zu spielen, welche die schöne Hortense Beauharnais einst für die alte Romanze „partant pour la Syrie" componirt hatte, die man zu jener Zeit nicht auf den jeune et beau Dunois, sondern auf den vom ersten glänzenden Strahl seines Ruhmes beleuchteten Feldherrn bezog, der später die Krone Karl des Großen auf sein Haupt zu setzen bestimmt war. Zu gleicher Zeit brauste in donnerndem Ruf das „Vive l'empereur" von allen Truppenabtheilungen herüber.

Der Kaiser nahm den Hut ab, und sein Blick flog über diese blitzenden Geschütze, über diese kühn blickenden Männer, über diese schnaubenden Pferde hin — ein Augenblick färbte ein leichtes Roth seine Züge, seine Augen leuchteten auf, fester richtete er sich im Sattel empor; da fiel sein Blick auf die Menge, welche sich bis dicht an die Truppen herangedrängt hatte und am Eingang des Gitterthors höchstens zehn Schritt von ihm entfernt war.

In der ersten Reihe der Zuschauer sah er eine lange, hagere Gestalt stehen, in zerrissene Lumpen gehüllt, das Haupt, welches aus diesen Lumpen hervorragte, war unbedeckt, sein dunkles Haar hing ungeordnet um die Schläfen herab; unter der vorspringenden niedrigen Stirn blickten dunkle tief liegende Augen hervor, eine lange, weit vorspringende Nase, tief eingesunkene Wangen und ein struppiger Bart gaben diesem Gesicht etwas Fanatisches und Krankhaftes.

Der Blick des Kaisers wurde unwillkürlich durch diese Erscheinung gefesselt, denn der Mann, der da unbeweglich stand, sah ihn mit einer Gluth so wilden und unversöhnlichen Hasses an, daß der Kaiser zusammenschauerte. Er wandte sich einen Augenblick um, als wolle er einen Befehl geben, dann blickte er wieder auf jenen Mann hin, dessen beide Hände frei waren und der ohne jede Bewegung starr wie eine Bildsäule da stand, — noch einmal erhob sich gewaltig und weithin über den Platz schallend das „Vive l'empereur" der Truppen.

Dann trat eine augenblickliche tiefe Stille ein, der Marschall Canrobert sprengte an die Seite des Kaisers, um ihn beim Heranreiten der Fronte zu begleiten.

Napoleon gab seinem Pferde einen leichten Schenkeldruck, indem er noch einmal wie fascinirt nach jenem in Lumpen gehüllten Mann hinsah.

Da trat dieser Mann plötzlich einige Schritte vor, immer die Augen voll grimmigen fanatischen Hasses auf den Kaiser gerichtet. Er erhob die Arme nicht, er machte keine Bewegung, aber mit einer lauten, gellenden Stimme, welche schaurig durch die augenblickliche Stille, die dem lauten Rufen der Truppen gefolgt war, über den Hof hinschallte, rief er mehrere Male hinter einander:

„Nach Cayenne! Nach Cayenne!"

Napoleon parirte sein Pferd, die ganze Suite hielt an, ein Ruf des
Entsetzens ertönte aus der nächsten Umgebung des Kaisers. Verschiedene
Officiere waren im Augenblick vom Pferde gesprungen und hatten im Verein
mit einer großen Anzahl von Sergeants de Ville und Polizeibeamten in
Civil, welche im Nu aus der Menge der Zuschauer hervorbrachen, den
Unbekannten umringt und festgenommen.

Er machte keine Miene des Widerstands und ließ sich, nachdem er noch einmal einen Blick tiefen und unversöhnlichen Hasses auf den Kaiser geworfen, nach dem Erdgeschoß der Tuilerien hinführen.

Napoleon hatte schnell mit der ihm stets eigenen Selbstbeherrschung seine Ruhe wiedergefunden.

„Ein armer Wahnsinniger," sagte er lächelnd zu dem Marschall Canrobert gewendet, und in kurzem Galopp sprengte er, von seiner glänzenden Suite gefolgt nach dem Flügel der Truppenaufstellung; langsam ritt er dann die Reihen hinunter, und noch enthusiastischer als vorher wurde er überall mit jubelnden Zurufen begrüßt.

Er schien aus seiner früheren gleichgültigen Lethargie erwacht zu sein, und mit stolzem festem Blick sah er diese herrlichen Truppen an, die ihm so laut und freudig ihre Ergebenheit beweisen wollten. Lächelnd machte er dem Marschall seine Complimente über die Haltung der Truppen, dann sprengte er zurück, nahm eine Aufstellung vor dem Gitterthor — seiner Suite weit voran, und indem er einen scharfen, festen, herausfordernden Blick auf die herandrängende Menge warf, gab er das Zeichen zum Beginn des Vorbeimarsches. Während die einzelnen Regimenter vor ihm vorbeidefilirten, nach französischer Sitte als Zeichen ihrer begeisterten Huldigung die Kopfbedeckungen an der Spitze ihrer Waffen schwingend, ertönte von Neuem immer und immer wieder der alte Ruf „Vive l'empereur", welcher schon so oft und in großen Augenblicken von diesen altersgrauen Mauern wiederhallt war an derselben Stelle, wo die sterbenden Diener des versinkenden Königthums zum letzten Male „Vive le roi" gerufen hatten, und wo bereits zwei Mal eine wilde blutige Masse ihr „Vive la Republique" geheult hatte.

Die Revue war beendet, der Kaiser dankte dem Marschall und den Officieren, ritt langsam zum Portal zurück, stieg ab und begab sich, sein Gefolge freundlich mit der Hand grüßend, nach seinem Cabinet zurück.

Hier angekommen warf er sich erschöpft in seinen Lehnstuhl, die stolze und feste Haltung, welche er den Truppen gegenüber beobachtet hatte, verschwand, körperlicher Schmerz und tiefe Niedergeschlagenheit zeigte sich in seinen schlaffen, zusammensinkenden Gesichtszügen.

„Ist der Polizeipräfect hier?" fragte er den Kammerdiener, welcher ihm
Hut und Handschuhe abnahm.

„Er befindet sich in einem Zimmer des Erdgeschosses und verhört den
Elenden, welcher es gewagt, Eure Majestät zu insultiren."

„Ich lasse ihn bitten, sogleich zu mir zu kommen."

Er sank in sich zusammen und erwartete schweigend die Ankunft des Chefs der Polizei.

Nach kurzer Zeit trat Herr Pietri in das Zimmer. Dieser Leiter der weit ausgedehnten Polizei von Paris war eine schmächtige schlanke Gestalt, geschmeidig und biegsam, — sein Kopf mit der weit vorspringenden, stark gewölbten Stirn war oberhalb spitz emporspringend, das dünne dunkle Haar lag auf den Schädel glatt an und bildete zur Seite der tief eingefallenen Schläfen zwei kleine, etwas abstehende Locken. Die Backenknochen standen stark hervor, die Augen lagen so tief zurück, daß der scharfe stechende Blick wie aus dunklen Schatten hervorblitzte; die stark gebogene Nase hing weit raubvogelartig gekrümmt über den von einem langen schwarzen Schnurrbart verdeckten Mund herab. Der ganze Eindruck dieses eigenthümlichen, gelb gefärbten Gesichts war ernst, kalt und finster.

„Was für ein Mensch ist das?" fragte Napoleon mit leichtem Kopfnicken den Gruß des Polizeichefs erwidernd.

„Er heißt Lezurier," erwiderte Pietri. „Trotz der Lumpen, in welche er gehüllt war," fuhr er fort, „fand man bei ihm eine Börse mit elftausend Francs in Gold, drei Staatsrentenbriefe über dreißigtausend Francs jährlicher Rente und ein Dolchmesser. Man hat sofort seine Wohnung ermittelt, und soeben berichtet man mir, daß bei der ersten Nachsuchung eine Menge von Waffen dort entdeckt worden ist, Keulen, Säbel, Lanzen, Revolver, Todtschläger, Dolche, Bayonette und Stockdegen, außerdem fand man in einem alten Pult noch sechzigtausend Francs in Gold. Seine ganze Behausung ist höchst ärmlich, er aß bei einem Lumpensammler in der unmittelbaren Nachbarschaft, bezahlte demselben monatlich dreißig Francs."

„Räthselhaft," sagte der Kaiser tief nachdenkend. „Und was

hat er bezweckt? Was war der Grund seiner Handlung?"

„Er setzt allen Fragen ein hartnäckiges Schweigen entgegen," erwiderte Pietri.

Ein rascher Entschluß blitzte im Auge des Kaisers auf.

„Führen Sie ihn her, ich will ihn sehen," sprach er, — „ich will ihn selber fragen."

„Sire," sagte Pietri fast erschrocken, „Eure Majestät wollen —"

„Er konnte mir doch in der That," sagte der Kaiser, „draußen auf dem Tuilerienhof gefährlicher werden, als hier in meinem Zimmer, nachdem man ihm alle Mittel zu schaden abgenommen hat. Führen Sie ihn mir hierher, aber kommen Sie allein mit ihm, lassen Sie keinen untergeordneten Beamten mit eintreten. Wir werden uns ja wohl gegen ihn verteidigen können," fügte er lächelnd hinzu.

Pietri verneigte sich und ging hinaus. Nach einigen Augenblicken kehrte er zurück — ihm folgte, von zwei Polizeibeamten bis zur Thür geführt, der räthselhafte Unbekannte.

Derselbe trat ruhigen und festen Schrittes ein und blieb in einiger Entfernung von der Thür stehen. Sein Anblick war erschreckend, die ohnehin schon zerfetzten Lumpen, die ihn einhüllten, waren bei seiner Arretirung noch mehr zerrissen und hingen in fast formlosen Stücken um seinen Körper her, von einem Schlage, den er erhalten, hatte seine Nase geblutet, auch hatte er eine nicht unbedeutende Wunde an der Stirn erhalten, sein Gesicht war mit Blut befleckt und seine Haare klebten an den Schläfen mit Blut und Staub fest, er war noch bleicher als vorher und seine unheimlich glühenden Augen blickten mit demselben tiefen und unversöhnlichen Haß zu dem Kaiser hinüber.

Napoleon sah diesen Mann lange schweigend an, die Schleier, welche fast immer seine Augen verhüllten, waren verschwunden, voll und frei ruhte sein forschender Blick auf der Gestalt des Gefangenen, doch fand der grimmige Ausdruck des Hasses, welcher dessen Züge erfüllte, in den Augen des Kaisers keine Erwiderung. Er sah diesen Mann mit einer Mischung von Verwunderung und wehmüthiger Trauer an.

„Sie haben," fragte Napoleon endlich mit sanfter Stimme, „so eben in dem Hof der Tuilerien einen Ruf ausgestoßen, den man als eine feindliche Demonstration gegen mich deutet. Ich wünsche von Ihnen selbst zu erfahren, was Sie dabei bezweckt haben, ob es wirklich Ihre Absicht war, den Souverain Ihres Landes, welchen die große Majorität der Bürger Frankreichs auf den Thron berufen, zu beleidigen? Warum haben Sie den Ruf ausgestoßen „nach Cayenne?"

Lezurier machte keine Bewegung, nur wurde die zornige Gluth seines auf den Kaiser gerichteten Blickes noch wilder und intensiver, und mit einer heisern, aber scharf und deutlich die Worte betonenden Stimme sprach er:

„Ich habe das Geschrei der Soldaten gehört, welche vive l'empereur riefen, da erfaßte mich ein unbezähmbarer Zorn, und mein ganzes Wesen loderte auf in wilder Wuth, als ich Denjenigen jubelnd begrüßen hörte, dessen Verbrechen gegen Frankreich und seine Freiheit ihn zu jenem todtbringenden Exil hätten verurtheilen müssen, in welches er so viele Märtyrer der heiligen Sache des Volkes geschickt hat — nach Cayenne!"

Der Kaiser sah den Mann groß an und schüttelte langsam mit einem fast mitleidigen Lächeln den Kopf.

„Man hat ein Messer bei Ihnen gefunden," sagte er, „und ein kleines
Waffenarsenal in Ihrer Wohnung. Hatten Sie die Absicht, mich zu tödten?"

„Nein," erwiderte Lezurier, „diese Absicht hatte ich nicht. Ich war nur auf den Tuilerienhof gekommen, um meinen heiligen Haß durch den Anblick des Tyrannen zu kräftigen. Die Sache des Volkes bedarf des Meuchelmordes nicht, welcher wohl den Tyrannen tödten, aber nicht die Tyrannei vernichten würde."

„Wozu also diese Waffen?" fragte der Kaiser — „außerdem," fügte er hinzu, „hat man viel Geld bei Ihnen gefunden, und doch sind Sie in Lumpen gekleidet."

„Ich habe mein Vermögen und mich," erwiderte Lezurier immer in demselben Ton, „der Sache des Volkes gewidmet, für mich will ich nur übrig behalten, was zur nothdürftigsten Ernährung und Bekleidung meines Körpers unerläßlich ist. Alles Uebrige war bestimmt, bei der großen Erhebung des Volkes verwendet zu werden, welche sich vorbereitet, welche kommen wird und welche Sie herabschleudern wird in den Abgrund, aus welchem Sie heraufgestiegen."

„Warum haben Sie denn," fragte der Kaiser weiter, „den Ruf ausgestoßen, der Sie den Gesetzen überliefert und alle Ihre Vorbereitungen erfolglos macht?"

„Ich habe es gethan," erwiderte Lezurier, „weil die augenblickliche Entrüstung mich übermannte, weil eine blutige Wolke meinen Blick verdunkelte, weil ich nicht mehr

Herr meiner selbst war. Ich bereue es, daß ich es gethan, weil ich meine Kraft und meine Mittel dadurch für den großen heiligen Kampf gehemmt habe, der aber," fuhr er fort, „dessen ungeachtet begonnen und siegreich durchgeführt werden wird. Ein Einzelner mehr oder weniger in der Phalanx des Volkes kann auf den Erfolg keinen Einfluß haben."

„Sie sind nicht, was Sie scheinen," erwiderte der Kaiser, „Ihre Worte sprechen von höherer Bildung, als Ihre Kleidung vermuthen läßt."

„Je höher mein Geist gebildet ist," erwiderte Lezurier, „um so mehr muß ich das Elend Frankreichs erkennen und die Mittel zu seiner Beseitigung suchen. Je reiner meine Gesinnungen sind und je fester mein Charakter sich entwickelt hat, mit um so höherer Begeisterung muß ich meine ganze Existenz für die Freiheit Frankreichs einsetzen, — um so glühender muß ich Denjenigen hassen, welcher diese Freiheit verrätherisch geknechtet hat."

„Wenn Sie mich hassen," sagte der Kaiser mit einer sanften, fast weichen Stimme, „so können Sie mich doch nicht für klein halten, Sie würden mir sonst nicht sagen, was Sie so eben ausgesprochen."

„Mein unbesonnener Ruf," erwiderte Lezurier, „hat mich ohnehin in Ihre Hände geliefert und meine Theilnahme am Kampf der Zukunft beinahe unmöglich gemacht, ich kann mir also die Genugthuung gewähren, dem Tyrannen in's Gesicht zu sagen, was ich von ihm denke. Er hat ja doch nur die Macht," fügte er mit verächtlichem Achselzucken hinzu, „diesen Körper zu vernichten, diese Form zu zerbrechen, in welcher ein kleiner Theil jenes Geistes eingeschlossen ist, der im gewaltigen unwiderstehlichen Flug die Trümmer seines Thrones fortreißen wird in die

Abgründe der ewigen Vernichtung!"

„Und was wollten Sie mit jenen Waffen machen," fragte der Kaiser, „welche Sie in Ihrer Wohnung aufgesammelt haben, mit jenem Gelde, welches Sie dort aufbewahrten?"

„Die Waffen wollte ich am Tage der großen Erhebung allen Denen in die
Hand drücken," erwiderte Lezurier, „welchen ich begegnen würde, deren
Arm noch nicht bewehrt wäre, um dem Zorn und dem Haß ihres Herzens
Nachdruck zu geben. Mit dem Gelde wollte ich die Kämpfer ernähren und
die Verwundeten pflegen."

„Stehen Sie mit Andern in Verbindung?" fragte der Kaiser weiter.

Ein finsterer Hohn zuckte um die Lippen Lezurier's.

„Sie sind gewöhnt," erwiderte er, „den Verrath zu erkaufen. Aber," fuhr er fort, „ich habe Nichts zu verrathen, und was ich weiß, kann ich laut aussprechen, ohne irgend Jemanden in die Hände Ihrer Häscher zu liefern. Mein Verbündeter ist das Volk von Frankreich in seiner großen Mehrheit, das denkt und fühlt wie ich, das aber vielleicht nicht immer und nicht überall dieselbe Energie und Thatkraft hat, welche ich angewandt haben würde zur Erreichung des großen Ziels — zur Befreiung des Vaterlandes!"

„Sie haben mich beleidigt," sagte der Kaiser, „dafür sind Sie dem Gesetz verfallen, doch liegt in meinen Händen das schöne Recht der Gnade, und ich mache Gebrauch davon, indem ich Ihnen die Beleidigung verzeihe, welche Sie gegen mich ausgestoßen. Derjenige," sprach er stolz den Kopf erhebend, „den die große Mehrzahl seiner Nation vertrauensvoll auf den Thron berufen, kann die Beleidigung eines Einzelnen leicht vergeben. Aber Sie haben Vorbereitungen getroffen," fuhr er fort, „um nicht mir allein zu schaden, sondern um die Staatsordnung, welche die französische Nation sich in freier Entschließung gegeben, zu zerstören. Wollen Sie sich verpflichten, in Paris unter den Augen der Sicherheitsbehörde ruhig zu leben, so will ich Ihnen Ihre Freiheit schenken und Ihnen auch das verzeihen, was Sie gegen den Staat und gegen die öffentliche Ordnung gethan und beabsichtigt haben. Wollen Sie mir das versprechen?" fügte er fast in bittendem Ton hinzu.

„Nein," erwiderte Lezurier kalt und starr, „ich will Sie nicht betrügen, — ich will nicht," fügte er mit bitterem Hohn hinzu, „in Ihre kaiserliche Prärogative der Lüge eingreifen, ich würde vom ersten Augenblick an meine ganze Kraft, mein ganzes Denken wiederum darauf richten, die große Revolution zu fördern und herbei zu führen, welche bestimmt ist, Ihre Herrschaft zu zertrümmern."

„Dann," erwiderte der Kaiser, „kann ich Nichts für Sie thun, und der
Ruf, den Sie ausgestoßen, wird Ihr Urtheil sein."

Lezurier schwieg, ohne eine Bewegung zu machen, ohne eine Miene seines
Gesichts zu verändern.

„Ich wünsche nicht," sagte der Kaiser nach einigen Augenblicken, „daß irgend Jemand anders durch Sie leidet. Das Vermögen, welches Sie in wahnsinniger Verblendung zum Kampf gegen den Staat und die Gesellschaft bestimmten, soll Ihrer Familie zurückgegeben werden. Haben Sie Angehörige?"

Die Züge des Gefangenen verzerrten sich im dämonischen Haß.

„Ich hatte ein Weib," sagte er, „sie ist lange todt und hinterließ mir einen Sohn. Dieser Sohn und ein Bruder, jünger als ich, bildeten meine ganze Familie. Beide sind gefallen auf den Barrikaden unter den Kartätschenkugeln, welche die Bahn öffneten für den blutigen Triumphzug Ihrer kaiserlichen Herrlichkeit."

Die Züge des Kaisers nahmen einen Ausdruck unendlicher Weichheit und Milde an, seine groß geöffneten Augen schimmerten im feuchten Glanz, er stützte einen Augenblick den Kopf in die Hand und seufzte tief auf, dann blickte er noch einmal voll mitleidiger Theilnahme auf diese in Lumpen gehüllte Gestalt, auf dieses blutbefleckte bleiche Gesicht und sagte.

„Ich habe versucht, was ich versuchen konnte, um Böses mit Gutem zu vergelten, Sie haben Alles zurückgewiesen und für das Schicksal, das Ihnen bevorsteht, werden Sie mir keinen Vorwurf zu machen haben."

Er winkte mit der Hand. Pietri öffnete die Thür und übergab den Gefangenen den beiden Polizeibeamten, zwischen denen derselbe hoch aufgerichtet mit festem Schritt das Cabinet verließ.

„Welches Urtheil erwartet ihn?" fragte der Kaiser.

„Die Deportation," erwiderte Pietri.

„Man soll ihn mit Milde behandeln," sagte Napoleon, „und auch sein Exil, wenn er zu demselben verurtheilt wird, so schonend als möglich einrichten, — er ist krank, — er *muß* krank sein, — ein gesunder Geist kann einen solchen Haß nicht entwickeln. Besorgen Sie, daß er ärztlich untersucht wird."

Er winkte entlassend mit der Hand, mit tiefer Verbeugung zog sich der
Polizeipräfect zurück.

Der Kaiser saß lange in tiefem, finsterm Schweigen versunken.

„Ist es wahr," sagte er endlich mit dumpfem Ton, „ist wirklich die Masse des Volks von Frankreich der Verbündete dieses Rasenden, — müßte ich wirklich um dieses aus der Tiefe herauf gährenden Hasses Herr zu werden, von Neuem meinen kaiserlichen Purpur in Blut tauchen? Wäre es da nicht besser, wie jener alte Römer sich selbst in den Abgrund zu stürzen zur Versöhnung des Schicksals, als diesen Abgrund mit Hekatomben von Menschenopfern zu füllen, — ist die Gestalt dieses Mannes der mahnende Geist, den das Verhängniß vor mir ansteigen ließ, wie es einst bei Philippi dem träumenden Brutus jene drohende Erscheinung sandte? Oh," rief er, die Hände faltend und den Blick nach oben richtend, „gieb mir Licht in diesem Dunkel, Du große Vorsehung, welche mich auf so wunderbaren Wegen bis hierher geführt hat, — gieb mir Kraft," fügte er mit tief schmerzlichem Ausdruck hinzu, — „denn wo die Kraft ist, da ist das Licht, — meine Kraft aber versiegt und zerbricht, — und höher und höher steigt die Dunkelheit herauf, welche meinem Geist das klare Erkennen raubt."

Er sank in sich zusammen und blieb wie gebrochen in seinem Lehnstuhl sitzen.

Achtes Capitel.

Einige Meilen unterhalb Hannovers fast hart an dem Ufer der Leine liegt das Dorf Bodenfeld.

Der Ort im flachen Lande inmitten reicher Wiesen und üppigen Fruchtfeldern gelegen, bietet nur wenig Naturschönheiten und besteht aus geschlossenen Gehöften, welche, in einiger Entfernung von einander bestehend, unregelmäßige, aber gut und sauber gehaltene Straßen bilden, die von der Wohlhabenheit und dem Ordnungssinn der Bevölkerung zeugen.

Trotz der verhältnißmäßig geringen Einwohnerzahl bietet Bodenfeld sowohl wegen seiner Lage, als wegen des Reichthums und des ausgedehnten Grundbesitzes seiner Bewohner den Mittelpunkt der Gegend.

Es hatte eine große und schöne Kirche mit einem stattlichen, von einem freundlichen Garten umgebenen Pfarrhause; daneben in einiger Entfernung von der Kirche lag das weite und geräumige Amthaus; denn man hatte auch den Amtssitz bei der neuen Verwaltungsorganisation hierher gelegt, um den Eingesessenen bequemere Gelegenheit zu geben, den Mittelpunkt der Localverwaltung zu erreichen.

Die Häuser der Bauerngehöfte zeugten alle von Wohlhabenheit, große Viehställe umgaben sie, und ihre Eigenthümer, obwohl in die eigenthümliche Tracht des Landes gekleidet und nach alter einfacher Sitte lebend, würden doch nach der Ausdehnung ihrer Ländereien, nach der Zahl ihrer Gespanne und ihres Viehstandes, nach der Menge der von ihnen beschäftigten Knechte und Arbeiter in andern Gegenden kaum noch für Bauern gegolten haben.

Ein kleiner Hof am Ende des Dorfes stach ein wenig gegen die übrigen reichen Besitzungen ab.

In der Mitte einer fast im regelmäßigen Viereck sich ausdehnenden
Feldmark lag ein kleines, einfaches Haus, daneben ein sauber gehaltener
Obstgarten, eine Allee von Obstbäumen führte von dem Hause durch das
Feld hin zu der in einiger Entfernung vorüberziehenden Landstraße.

Auf der andern Seite des Wohngebäudes lag ein kleiner Hof, von Ställen umgeben, ein Taubenschlag in der Mitte; in den Ställen standen drei sauber gepflegte Kühe, zwei Zug Ochsen und zwei jener starken kräftigen Pferde, an welchen das hannöversche Land so reich ist; den reinlichen, mit gelbem Sand bestreuten Hof belebte zahlreiches und vortrefflich gehaltenes Federvieh; hinter den glänzenden, blank geputzten Scheiben der kleinen Fenster sah man einfache, aber blendend weiße Gardinen, blühender Geranium leuchtete im dunklen Roth durch die Scheiben; kurz Alles trug den Stempel von Wohlhabenheit, Ordnung und Behaglichkeit; und wenn auch dieser kleine Hof an Ausdehnung hinter den übrigen Besitzungen des Dorfes erheblich zurückstand, so zeichnete er sich doch vor allen Uebrigen durch eine beinahe bis zur Eleganz gehende Zierlichkeit und Sauberkeit aus.

An einem schönen Aprilabend saßen in den Wohnzimmern des kleinen Hauses, dessen einfache Einrichtung aus einem großen eichenen Tisch, einigen Stühlen mit starkem Rohrgeflecht und zwei jener alten mächtigen, mit braunem Leder überzogenen Lehnstühlen bestand und dessen Wände ebenfalls mit schwarz gewordenem Eichenholz bekleidet waren, ein alter Mann und eine alte Frau neben einander. Jede von Ihnen hatte einen der großen Lehnstühle eingenommen, und sie schienen sich nach der Arbeit des Tages jener tiefen, anmuthenden Ruhe zu erfreuen, welche auf dem Lande mit der Feierabendstunde das häusliche Leben mit einem fast sonntäglichen Frieden umgiebt.

Der Mann war ein hoher Sechziger, kräftig und markig gebaut, das weiße dichte Haar hing lang an den Schläfen herunter, sein scharf markirtes, von fester Willenskraft zeugendes Gesicht war glatt rasirt, und aus seinen großen klaren Augen blickte neben dem klugen, beinahe listigen Verstand, der den Bauern jener Gegenden eigenthümlich ist, auch eine tiefe Weiche und Milde heraus.

Er trug einen Faltenrock von dunkler Farbe, den Hemdkragen über dem Halstuch von schwerer schwarzer Seide hervorgezogen und hohe Stiefel bis zu den Knieen und war beschäftigt, durch eine silberne Brille mit großen, runden Gläsern die Zeitung zu lesen, welche der Landpostbote vor Kurzem gebracht hatte.

Die alte Frau, welche in dem andern Lehnstuhl neben ihm saß, schien älter zu sein, als er. Ihre Haltung war etwas zusammengesunken und gebrechlich, ihr blasses Gesicht mit den sanft und weich, beinahe traurig blickenden Augen war mager und kränklich, ihr fast weißes, glatt gescheiteltes Haar war unter einer großen weißen Haube mit breitem Strich und unter dem Kinn zusammengebundenen Bändern fast ganz verborgen.

Sie trug einen glatt anliegenden, schwarzen Rock und ein

großes, schwarzes Seidentuch um Brust und Schultern und war beschäftigt, nachdem sie das Federvieh, dem sie ihre besondere Sorgfalt widmete, besorgt hatte, mit langen starken Nadeln einen großen Strumpf zu stricken, wobei sie leise zählend die Lippen bewegte.

Der Mann war der Eigenthümer des Hofes, der alte Bauer Niemeyer, welcher ohne Kinder in seiner schönen, kleinen Besitzung lebte; die Frau neben ihm war seine Schwester, die Wittwe des lang verstorbenen Unterofficiers Cappei, welche nach dem Tode ihres Mannes mit einer kleinen Wittwenpension aus der englischen Legionskasse und mit ihrem einzigen Sohn ein Asyl bei ihrem Bruder gefunden hatte und bei demselben die Stelle der Hausfrau vertrat.

Das Jahr 1866 hatte in den kleinen Familienkreis tief und schneidend eingegriffen. Der junge Cappei, welcher den Feldzug jenes Jahres in der hannöverschen Armee mitgemacht hatte und dann zu seinem Oheim und zu seiner Mutter zurückgekehrt war, um seinem Oheim in der Bewirtschaftung des Hofes, der zu seinem einstigen Erbtheil bestimmt war, Beistand zu leisten, hatte sich voll Begeisterung für die Sache des Königs Georg und fortgerissen von der Bewegung, welche beim Beginn des Jahres 1867 unter den jungen Leuten jener Gegend herrschte, der Emigration angeschlossen, und seit jener Zeit lebten die beiden Alten wieder einsam in dem kleinen Hause, eifrig und sorgfältig die Wirthschaftsgeschäfte besorgend, aber traurig, des fernen Sohnes und Neffen gedenkend, dessen Abwesenheit alle ihre Hoffnungen für die Zukunft in Frage stellte.

Sie hatten nur seltene und wenig ausführliche Nachrichten von ihm erhalten, denn die Emigranten scheuten sich eingehend nach ihrer Heimath zu schreiben aus Furcht, ihre Angehörigen in Verwickelung mit den Behörden zu bringen, und so waren die beiden alten Leute darauf angewiesen, die Zeitung, welche sie seit jener Zeit hielten, zu durchforschen, um irgend etwas über die Legion zu erfahren.

Aber auch diese Nachrichten waren nur sehr spärlich und unklar gewesen und hatten sie oft recht traurig gestimmt, wenn sie von den unglücklichen Verhältnissen lasen, in welchen nach einzelnen Mittheilungen aus Frankreich die Emigranten dort leben sollten.

Die alte Mutter Cappei glaubte fest an die Versicherung, welche ihr Sohn ihr beim Abschied gegeben, daß er siegreich mit allen seinen Kameraden den König in der Mitte wieder in die Heimath zurückkehren werde.

Ihr Bruder hatte tiefes Mißtrauen in diese Hoffnungen, er hing zwar mit zäher und liebevoller Anhänglichkeit an den alten Verhältnissen, aber sein scharfer und practischer Verstand ließ ihn wenig an eine Möglichkeit der Wiederkehr derselben glauben.

Es war dies ein Punkt, über welchen die beiden alten Leute, welche sonst in so inniger und liebevoller Einigkeit miteinander lebten, häufig in lebhaften Wortwechsel geriethen.

Der alte Niemeyer war sehr unzufrieden mit der Emigration seines Neffen und wurde nicht müde, in seine Schwester zu dringen, daß sie mit ihm gemeinsam dem jungen Menschen den kategorischen Befehl schicken möge, wieder in die Heimath zurückzukehren.

Doch dazu konnte sich die alte Frau, so tiefen Schmerz sie über die Abwesenheit ihres einzigen Kindes empfand, nicht entschließen. Es erfüllte sie mit hohem Stolz, daß ihr Sohn

„in des Königs Legion diente", wie es ja auch ihr verstorbener Mann einst gethan zur Zeit der Occupation Hannovers im Anfang dieses Jahrhunderts, und trotz aller Mühe, die sich ihr Bruder gab, gelang es ihm nicht, sie zu überzeugen, daß die damaligen Verhältnisse und die damalige Legion, welche der mächtige König von England aus seinen hannöverschen Unterthanen gebildet, etwas ganz anderes sei, als die Emigration, welche heute ihrem verbannten, machtlosen König in das Exil gefolgt war; sie war überzeugt, daß es wieder anders werden müsse, wie es damals anders geworden war, und daß ihr Sohn einst siegreich wiederkehren werde, belohnt und ausgezeichnet von dem König, dem er so treu geblieben — und ihn dieser glänzenden Zukunft zu entziehen, dazu konnte sie sich nicht entschließen.

So saßen sie denn auch heute wieder da, — sie hatten ihre Arbeit gethan, der Alte las die Zeitung, wie es ihm nun seit längerer Zeit zur Gewohnheit geworden war, und seine Schwester füllte die Muße ihres Abends durch die Beschäftigung mit ihrem Strickstrumpf aus, indem sie mit jeder Masche desselben theils eine wehmüthige Erinnerung an ihren Sohn, theils eine freudige Hoffnung auf dessen glänzende Zukunft verwebte.

Plötzlich warf der Alte das Blatt vor sich hin und schlug kräftig mit der Hand auf den Tisch, indem er zugleich die ihm unbequeme Brille hoch auf die Stirn hinausschob.

„Das ist eine gute Nachricht," rief er laut, „der König hat die Legion aufgelöst, welche ihm so viel Geld kostete, und welche so viele brave junge Leute ihrer Heimath entfremdete und den Gefahren eines unthätigen Lebens aussetzte. Das freut mich, das ist ein guter Entschluß, der vernünftigste, den unser Herr hat fassen können. Jetzt haben wir doch Hoffnung, daß der Junge wieder zu uns zurückkommt, und daß unser altes, liebes Besitzthum nicht noch in fremde Hände übergehen wird, während sein rechter und richtiger Erbe weit in der Ferne ein unruhiges und abenteuerliches Leben führt."

Die alte Frau Cappei ließ den Strickstrumpf in ihren Schooß sinken, ein freudiger Ausdruck erschien einen Augenblick auf ihrem Gesicht, dann aber schüttelte sie trübe und traurig den Kopf.

„Das wird wieder eine von den Nachrichten sein," sagte sie, „welche schon oft von Zeit zu Zeit in den Zeitungen erschienen sind und immer nicht wahr waren. Wie oft hast Du schon an die Rückkehr meines Sohnes geglaubt, wie oft hat man gesagt, die Legion wäre auseinandergegangen, und immer ist es nicht wahr gewesen. Und es wird auch diesmal nicht wahr sein," sagte sie mit einem gewissen Stolz, „der König kann ja seine Soldaten nicht fortschicken. Er braucht ja seine Legion, wenn er sein Land wieder erobern will, und so sehr ich mich sehne, den Jungen wieder hier zu sehen, so möchte ich doch nicht wünschen, daß er als Flüchtling hierher wieder zurückkehrt, ohne für seinen König sich geschlagen zu haben, wie es sein Vater seiner Zeit auch gethan hat."

„Du bist thöricht," sagte der Alte, „Du möchtest womöglich Deinen Jungen noch als großen Feldherrn wiedersehen."

„Nun das Zeug dazu hat er schon," fiel seine Schwester etwas gereizt ein, „daß er Officier wird, wenn es zum Schlagen kommt, daran zweifle ich garnicht. Was hat er nicht Alles gelernt, wie hübsch und fein sieht er aus! Und wie viele Beispiele hat man nicht, daß große Generale sich ganz von unten herauf gearbeitet haben! Auch in der Legion in Spanien sind damals ganz einfache Soldaten hohe Officiere geworden, — wenn es meinem seligen Mann nicht so gut gegangen ist, so hat es nur den Grund gehabt, daß er keine Gelegenheit fand, sich auszuzeichnen."

„Das sind Alles Possen," rief der Alte mürrisch, „und ich hoffe, daß der Junge selbst nicht solche thörichten Gedanken in seinem Kopf haben wird. Er sollte Gott danken, daß er hier eine feste Heimath und einen wohl geordneten Besitz hat und sollte so schnell als möglich hierher zurückkehren, um diesen Hof zu übernehmen, dessen Bewirthschaftung mir täglich schwerer zu werden anfängt. Nun," fuhr er fort, „das wird sich jawohl von selbst machen. Ich habe mit dem preußischen Amtmann, den sie uns hierher geschickt haben, neulich gesprochen und er hat mir versichert, daß er nicht glaube, daß gegen meinen Neffen irgend etwas Unangenehmes unternommen werden möchte, wenn er zurückkäme und sich zur Erfüllung seiner Landwehr-Militairpflicht stellte, eine eigentliche Desertion liege ja nicht vor und" —

Er wurde durch ein lautes Anschlagen des Hofhundes unterbrochen.

Schnelle, kräftige Schritte ließen sich vor dem Hause vernehmen, rasch wurde die Thür geöffnet, und Derjenige, über dessen Schicksal die beiden Alten sich soeben unterhalten hatten, trat in das Zimmer.

Der junge Cappei trug einen kleinen Ränzel auf dem Rücken, sein Gesicht war von dem raschen Gang geröthet und erschien dadurch noch blühender, als sonst; seine hellen offenen Augen strahlten von Glück und Freude, als er das alte Haus, die Heimath seiner Kindheit, das alte wohlbekannte Zimmer, in welchem kein Meubel sich verändert hatte, als er seine Mutter und seinen Oheim, diese beiden einzigen Wesen wiedersah, welche in dem alten Vaterlande ihm nahe standen.

Rasch eilte er auf die alte Frau zu, welche ihm zitternd ihre offenen Arme entgegenstreckte; er drückte ihren Kopf an seine Brust und küßte zärtlich ihre weißen Haare. Dann wandte er sich zu seinem Oheim, welcher aufgestanden war und mit glücklichem stolzem Ausdruck auf die kräftige Gestalt des jungen Mannes blickte, er schlug fest in dessen dargebotene Hand ein und sagte tief aufathmend:

„Da bin ich wieder bei Euch — Gott sei Dank, daß ich Euch Beide am Leben und wohl und munter finde. Ich habe lange keinen Brief von Euch erhalten, und als ich von der Eisenbahnstation zu Fuß hierher ging, hat mich eine entsetzliche Angst erfaßt, daß ich das Alles hier vielleicht nicht so wiederfinden könnte, wie ich es verlassen habe. Nun Gott sei Dank, es ist ja Alles gut, und meine Angst ist umsonst gewesen."

Abermals schloß er seine Mutter in die Arme, und dann setzte er sich an den Tisch und begann in hastigen abgebrochenen Worten zu erzählen von seinem Leben in Frankreich, von den Kameraden, welche dort mit ihm gewesen, von den Hoffnungen, die sie gehabt hatten, und wie das nun Alles zu Ende sei, da der König die Legionaire entlassen habe und eine große Anzahl von ihnen nach Amerika ausgewandert sei, während Andere in Algier ihr Glück versuchen wollten. „Sie haben mir viel zugeredet," sagte er, „auch dorthin zu gehen, aber ich habe das nicht gewollt. Ich will nicht mehr als heimathloser Flüchtling in der Welt leben, und auch Euch wollte ich wiedersehen, mein Herz zog mich hierher, und ich muß meine Verhältnisse hier in der alten Heimath ordnen, um wieder ein richtiger Mensch zu werden, der seinen Platz klar und fest in der Welt behaupten kann."

„Das hast Du brav gemacht, mein Junge," sagte der Alte, indem er ihm kräftig auf die Schulter schlug, während die

Mutter zusammentrug, was im Hause zu finden war, Brod, kaltes Fleisch und einen großen Bierkrug, damit der lange entbehrte Sohn wieder am heimathlichen Tisch esse und trinke, wodurch nach ihrer Auffassung eigentlich erst das Band zwischen ihm und dem alten Hause wieder fest geknüpft wurde.

Eine Zeit lang sahen die beiden Alten schweigend zu, sich des kräftigen
Appetits freuend, den der junge Mensch zeigte.

Dann begannen sie wieder zu fragen nach allen Einzelheiten seines Lebens in der Fremde, nach diesem und jenem Bekannten; und er erzählte ihnen von Allem, und doch schien es, als ob immer noch etwas im Rückhalt bliebe, denn oft brach er plötzlich ab, sah schweigend vor sich nieder, und erst auf erneuerte Fragen nahm er seine Mittheilungen wieder auf.

Dem scharfen Blick der alten Frau entging dies nicht, — eine Mutter liest ja so tief in dem Herzen ihres Sohnes und das wunderbare Band, welches sie mit ihrem Kinde verknüpft, wird durch die Zeit und das Alter niemals gelockert. Die Alte schüttelte das Haupt, sie fühlte, daß da noch Etwas war in dem Herzen ihres Sohnes, wovon er nicht sprach — aber sie sagte nichts darüber, sie behielt sich vor, später ihn danach zu fragen, überzeugt, daß es ihr gelingen würde, auch die verschlossensten Tiefen seines Innern zu öffnen.

„Jetzt aber," sagte der alte Niemeyer endlich, „obgleich es schon spät ist, mußt Du dennoch gleich mit mir zum Amtmann. Du mußt Dich auf der Stelle melden, Deine Rückkehr darf keine heimliche sein, und was die Behörden über Dich verfügen, mußt Du ruhig über Dich ergehen lassen. Schlimm werden sie es mit Dir nicht machen, ich habe es schon vorbereitet, da ich immer überzeugt war, Du würdest früher oder später hierher wieder zurückkehren."

Sie gingen bei dem schon hereindunkelnden Abend nach dem großen Amthaus hin, ließen sich bei dem Amtmann, einem preußischen Assessor, welcher hierher versetzt war, melden und wurden in dessen Wohnzimmer geführt, welches bereits von einer Lampe erleuchtet war.

Der Amtsverwalter, ein Mann von etwa fünfunddreißig Jahren, ernst und ruhig, aber auch zugleich freundlich und wohlwollend in seinem Wesen erhob sich bei dem Eintritt des alten Bauern von seinem Schreibtisch, an welchem er mit Durchsicht von Acten beschäftigt war und trat demselben entgegen, indem er einen schnellen forschenden Blick auf den hinter seinem Oheim hereintretenden jungen Cappei warf.

„Herr Amtmann," sagte der alte Niemeyer, „ich bringe Ihnen hier einen Flüchtling, der nach der alten Heimath zurückgekehrt ist, und der nun nichts mehr gegen die neue Ordnung der Dinge, welche die Vorsehung über uns verhängt hat, unternehmen wird. Er hofft auf eine nachsichtige Behandlung für das, was er etwa nach den geltenden Gesetzen Strafbares begangen haben könnte und stellt sich zu Ihrer Verfügung."

Der junge Cappei trat vor, blieb in militairischer Haltung vor dem Beamten stehen und blickte ihn mit seinen offenen, klaren Augen frei und fest an.

„Es freut mich," sagte der Beamte, auf welchen die Erscheinung des jungen Mannes einen wohlthuenden Eindruck zu machen schien, „daß Sie sich entschlossen haben, in die geordneten Verhältnisse zurückzukehren und auf thörichte und abenteuerliche Unternehmungen zu verzichten. Ich will nicht fragen und untersuchen, welche

Pläne Sie bei Ihrer Auswanderung gehegt haben, welchen Unternehmungen Sie sich angeschlossen haben — allein Sie sind nach den preußischen Gesetzen noch landwehrpflichtig gewesen und werden sich über Ihre eigenmächtige Entfernung zu verantworten haben. Ich wäre berechtigt, Sie zu arretiren und Sie in Untersuchungshaft zu behalten, da ich jedoch nach Ihrem freiwilligen Wiedererscheinen keinen Verdacht hege, daß Sie sich der Untersuchung und der eventuell zu verhängenden Strafe entziehen werden, so will ich von einer solchen Maßregel Abstand nehmen und Ihnen Ihre Freiheit lassen, allein um der Form zu genügen, müssen Sie eine Bürgschaft leisten." —

„Die Bürgschaft übernehme ich, Herr Amtmann," rief der alte Niemeyer lebhaft. „Ich stelle mein Haus und meinen Hof als Haft dafür, daß der junge Mann sich nicht von hier entfernt und sich jeder Anforderung stellen wird."

„Ich will diese Garantie annehmen," erwiderte der Beamte — er setzte sich an seinen Schreibtisch, nahm ein kleines Protokoll auf, das der alte Bauer und sein Neffe unterzeichnen mußten und entließ dann die Beiden.

Als sie hinausgegangen waren, zog er ein kleines Aktenfascikel aus einem verschlossenen Fach seines Schreibtisches hervor und öffnete dasselbe.

„Die Erscheinung dieses jungen Mannes," sagte er, „ist durchaus Vertrauen erweckend, er hat ein so freies Gesicht und einen so offenen Blick, daß ich ihm kaum geheime und verborgene Absichten zutrauen kann. Auch ist mir der Alte als ein Mann von ruhigem praktischen Sinn, der sich den thatsächlichen Verhältnissen stillschweigend unterordnet und alle Agitationen und Conspirationen mißbilligend, bekannt; und doch ist mir hier ein sehr bestimmter Avis zugegangen, nach welchem die Gesandtschaft in Paris gerade diesen jungen Cappei auf Grund ihr zugegangener Mittheilungen als einen fanatischen Feind der preußischen Herrschaft und als einen gefährlichen Verschwörer und Agitator bezeichnet, welcher nur deshalb hierher zurückgekehrt, um nach Frankreich hin Mittheilungen über die hiesigen Verhältnisse, Truppendislokationen und so weiter gelangen zu lassen, — mir kommt das ein wenig unwahrscheinlich vor," fuhr er fort, „allein die Mittheilung ist bestimmt, und die Zeitverhältnisse gebieten die größte Vorsicht. Ich werde ihn genau beobachten lassen und eine Ueberwachung seiner Correspondenz bei der Postbehörde anordnen, — ist jene Mittheilung richtig, so wird sich bald ein greifbares Indicium finden lassen."

Er schrieb nach genauer Durchsicht des Aktenfascikels eine Verfügung, ließ seinen Secretair rufen und übergab ihm dieselbe mit dem Befehl schleuniger und discreter Expedition. Dann verschloß er das geheime Aktenstück wieder in seinen Secretair und wandte sich seinen regelmäßigen Arbeiten zu.

Lange noch saß der alte Bauer Niemeyer mit seiner Schwester und dem jungen Cappei bei der großen Lampe im Wohnzimmer seines Hauses beisammen. Immer noch forschten und fragten die beiden Alten — immer erzählte der junge Mann, — immer deutlicher fühlte die Mutter, daß in allen diesen Erzählungen noch Etwas fehlte und zwar Etwas, was tief und innig mit dem Herzensleben ihres Sohnes zusammenhängen müsse.

Und als sie endlich die Ruhe aufsuchten, als sie den Sohn in seine schnell hergerichtete Schlafkammer mit dem sauberen, hoch aufgeschichteten Federbett geführt, und die Hände segnend auf sein Haupt gelegt hatte, da blieb sie noch lange wach in ihrer Kammer in dem Lehnstuhl am Fußende ihres Bettes sitzend und tief nachdenkend über die Fügungen der

Vorsehung, welche zwar die ehrgeizigen Träume zerstört hatte, in welchen sie an den fernen Sohn gedacht, welche aber doch diesen Sohn lebendig, frisch und blühend ihr wieder zugeführt hatte und jetzt opferte sie jenen Traum gern der schönen und lieben Wirklichkeit. Sie fühlte auch mit dem so feinen weiblichen Instinct, welches der verborgene Punkt sei, der in allen Erzählungen ihres Sohnes noch dunkel geblieben; sie fühlte, daß die Liebe zwischen ihm und dem fernen Land, aus welchem er zurückgekehrt ein Band geknüpft habe.

Aber sie war nicht traurig darüber und wieder regten sich ehrgeizige Hoffnungen in ihrem Herzen. Denn ein so guter, so braver und so hübscher junger Mann wie ja ihr Sohn, konnte nur eine Wahl getroffen haben, die ihm und seiner ganzen Familie ehrenvoll war.

Und als sie endlich ihr Lager aufsuchte, schloß sie Diejenige, welche ihr Sohn gewählt haben möchte, und welche ihr mütterlicher Stolz in hohen und angesehenen Kreisen suchte voll freudiger Hoffnung und Zuversicht in ihr frommes Abendgebet mit ein.

Der junge Cappei aber war in körperlicher Ermüdung, welche die kräftige Jugend noch stärker fühlt, als das Alter, und in jenem süßen Wohlgefühl, welches das Bewußtsein erzeugt, nach langer Abwesenheit wieder im Schooß des heimathlichen Hauses zu ruhen, bald in einen festen und tiefen Schlaf versunken.

Und wunderbar verschmolzen sich in seinen Träumen die Bilder der Ferne, zu welcher sein Herz ihn hinzog und der Heimath, in welche die Wurzeln seines Lebens geschlagen waren, miteinander.

Bald sah er sich im Hause des alten Challier an der Seite

seiner
Louise und an der Spitze des immer blühender erwachsenden
Handelsgeschäfts — bald wieder zeigte ihm der Traum das theure Bild
seiner Geliebten, wie dieselbe glücklich lächelnd in das Haus seines
Oheims eintrat, wie sie seiner Mutter zur Hand ging in häuslichen
Geschäften und neues fröhliches Leben in die alte Heimath brachte.

So schwer diese verschiedenen Bilder in der Wirklichkeit zu vereinigen waren, so verband sie doch das wunderbare Spiel des Traumes zu harmonischer Einigkeit, welche ihn mit einem süßen Gefühl des Glücks und der Freude erfüllten.

Neuntes Capitel.

In einem großen saalartigen Zimmer im Hinterhofe eines düstern Hauses des Faubourg St. Antoine war das democratische Comité versammelt, welches sich gebildet hatte, um auf das Plebiscit einzuwirken und das Volk in Massen dahin zu bestimmen, daß es die Abstimmung entweder ganz verhindere oder wo die Kühnheit dazu vorhanden sein möchte mit „Nein" stimme.

Die Versammlung fand bei bereits ziemlich vorgerückter Abendstunde statt, der große finstere Raum mit den schmutzigen, von Rauch geschwärzten Wänden war durch einige Petroleumlampen, die auf einem großen Tisch in der Mitte standen, nur wenig erhellt; um diesen Tisch saßen die Leiter des Comités in scharfer Beleuchtung, während der übrige Theil des Saales, in welchem sich etwa vierzig bis fünfzig der hervorragendsten Agenten des Comités befanden, in Dunkelheit gehüllt war.

An diesem Tisch sah man in der Mitte Jules Lermina, einen der unermüdlichen Agitatoren der republikanischen Bewegung in Frankreich, einen Mann mit tief blassem, wie aus Erz gegossenem Gesicht, in welchem nur die glühenden, unheimlich und finster blickenden Augen zu leben schienen und welches, wenn er mit seiner harten jede Modulation ausschließenden Stimme sprach, durch kein Mienenspiel bewegt wurde.

Hier sah man Ulric de Fonvielle, den Begleiter Victor Noirs bei dessen verhängnißvollem Besuch im Hause des Prinzen Pierre Bonaparte — mit seinem großen Bart und seinem unruhigen, aufgeregten und wichtig thuenden Wesen.

Hier war Varlin, der Buchbinder, in seiner gebückten Haltung mit dem kalten höhnischen Lächeln auf den Lippen, mit dem niedergeschlagenen Blick, der nur zuweilen im schnellen Blitz von unten hinauf schoß und dann fast immer Denjenigen, auf welchen er sich richtete, durch seinen stechenden scharfen Ausdruck aus der Fassung brachte.

Hier sah man Raoul Rigault, den jungen einundzwanzigjährigen Verschwörer mit seinem blassen, selbstgefällig lächelnden Gesicht, den müden, etwas gleichgültigen Blick hinter dem Monocle verbergend, in seiner stutzerhaften, aber etwas abgeschabten Eleganz, mit der Wäsche von zweifelhafter Reinheit, das kleine Stöckchen mit dem unechten Silberknopf in der Hand.

Hier sah man Ancel, Boyer, Delacour, Dembrun, Portalier, Robin, Mangold — theils in Blousen, theils im einfachen bürgerlichen Anzug — und auf allen diesen finstern Gesichtern ruhte der Ausdruck starrer düsterer Entschlossenheit und grimmiger Unversöhnlichkeit. Sie waren zum großen Theil die Führer des Pariser Zweigvereins der internationalen Arbeiterassociation, welche aber jetzt nicht mehr wie früher sich einer gewissen wohlwollenden Duldung der Regierung zu erfreuen hatte, nachdem sie durch richterliches Erkenntniß aufgelöst worden war. Es war nicht mehr jene Internationale von Tolain und Fribourg, welche durch Belehrung und ruhige gesetzliche Agitationen die Lage des Arbeiterstandes zu verbessern strebte, und welche von idealen Anschauungen geleitet wurde.

Jene Führer waren verschwunden, die Internationale von heute war eine proscribirte und geächtete Gesellschaft, welche sich lange den Nachforschungen der Polizei verbarg, und im Geheimen dafür aber um so wirksamer ihre Lehren propagirte und ihre Pläne verfolgte. Diese Lehren aber waren heute offen und rückhaltslos auf die Zertrümmerung der bestehenden Staatsordnung und der bestehenden Gesellschaft gerichtet, und die Pläne, deren eigentliches Geheimniß nur den ausgewählten Kreisen, den Leitern, bekannt war, richtete sich auf eine möglichst schnelle und nachdrückliche Vernichtung aller Autorität und alles Besitzes.

Die internationale Association als solche konnte sich mit der Frage des Plebiscits nicht beschäftigen, sie konnte sich nicht versammeln, ohne sich sogleich polizeilicher Auflösung auszusetzen, sie hatte deshalb das democratische Comité gebildet, an dessen Spitze wiederum ihre Leiter standen, um in dieser Form ihren Einfluß auf das Plebiscit auszuüben und um wo möglich diese Gelegenheit zur Herbeiführung einer Catastrophe zu benutzen.

Auf Bänken und Stühlen ringsum den Tisch des eigentlich leitenden
Comités saßen dessen hervorragende Agenten in den verschiedenen
Stadttheilen von Paris fast Alle in der Blouse der Arbeiter, Alle
denselben Ausdruck ruhiger und kaltblütiger Unversöhnlichkeit in den
Gesichtern.

Lermina erhob sich:

„Wir haben, meine Freunde," sprach er, „nunmehr die Berichte aus allen Theilen von Frankreich empfangen, welche uns mittheilen, daß überall die Comités constituirt sind, um diesem frevelhaftem Possenspiel entgegenzutreten, durch welches man in einem gefälschten Ausdruck des Volkswillens für den Despotismus und die Tyrannei eine neue Stütze suchen will. Allgemein ist die democratische Partei organisirt, um auf die unklare und furchtsame Bevölkerung den Druck ihres Einflusses auszuüben. Nach Allem, was man uns mittheilt, wird es schwer werden, eine große Majorität dahin zu bringen, daß die an das Volk gestellte Frage mit „Nein" beantwortet wird. Die Furcht vor den Machtmitteln der Gewalt ist zu groß — dagegen müssen wir aber mit aller Kraft dahin streben, daß der größte Theil der Bevölkerung sich von jeder Abstimmung zurückhält, um vor der Welt beweisen zu können, daß die Majorität, welche die Regierung erreichen möchte, im Verhältniß zur Gesammtzahl der Bevölkerung garnichts bedeutet. Ich habe deshalb die Instructionen, welche Sie Alle früher bereits gebilligt haben, an eine Anzahl von zuverlässigen Personen vertheilt, die in diesem Augenblick bereits in die Provinzen abgegangen sind, um überall die Agitation noch fester zu organisiren und zu beleben. Unser unermüdlicher Freund

Cernuschi hat mir von London aus abermals die Summe von hunderttausend Francs übersendet, um die nothwendigen und unvermeidlichen Kosten unserer Thätigkeit zu bereiten."

Ein Ruf des Beifalls tönte durch den Saal.

„Ich habe ihm den Dank des Comités ausgesprochen," fuhr Lermina fort, „und schlage nunmehr vor, daß wir hier in Paris selbst unvorzüglich eine demonstrative Versammlung in Scene setzen, welche hier in der Hauptstadt die Bewegung in Fluß bringt und den Provinzen ein Beispiel giebt. Ich schlage zu diesem Zweck den Saal der Folie-Bergère vor, welcher den nothwendigen Raum bietet und zugleich der ganzen Bevölkerung von Paris bekannt ist. Hat Einer von Euch, meine Freunde, gegen den Vorschlag Etwas einzuwenden?"

Die Versammlung schwieg — einzelne Rufe der Zustimmung ließen sich hören.

„So wollen wir also," fuhr Lermina fort, „die democratische Volksversammlung in der Folie-Bergère auf den vierten Tag, von heute an gerechnet, festsetzen. Und ich bitte alle unsere Freunde," fuhr er sich nach den Zuhörern im Hinterraum des Saales wendend fort, „in den verschiedenen Stadttheilen von Paris ihre ganze Thätigkeit aufzubieten, um den Besuch der Versammlung so zahlreich als möglich zu machen. Zugleich ersuche ich Euch alle, meine Freunde, Euch vorzubereiten und nachzudenken über das, was Jeder von Euch der Versammlung sagen will, damit die Worte zünden und die Massen zu energischem Widerstand entflammen.

„Vor Allem," rief Ulric de Fonvielle mit lauter Stimme, „müssen wir diesen verrätherischen Lügner und Heuchler Ollivier dem Volk in seiner wahren Gestalt zeigen. Es giebt immer noch Leute," fuhr er fort, „welche sich durch seine Vergangenheit täuschen lassen und auf welche sein Name einen gewissen Einfluß übt, — durch ihn will die kaiserliche Tyrannei das Volk irre führen, ihn gilt es zu vernichten und ihn des letzten Restes seiner Popularität zu berauben. Ich werde über Ollivier sprechen," rief er mit der Hand durch seinen Bart fahrend, „das Volk hat Ollivier in die Gosse geworfen — und das Kaiserthum hat ihn daraus wieder hervorgefischt!" —

Lautes Gelächter, Beifallsrufen und Händeklatschen erfüllten den Saal.
Dann trat eine augenblickliche Stille ein.

Varlin erhob sich, zog ein Papier aus der Tasche und sprach:

„Ich bin in Allem mit den Maßregeln des Comités und mit seinen Vorschlägen vollkommen einverstanden. Doch ich habe nunmehr meinerseits einen Vorschlag zu machen, welcher in der Vorsicht begründet ist und zum Zweck hat, unsere Agitatoren gegen einen Gewaltstreich der Regierung zu schützen."

Aufmerksam hörten Alle zu.

„Ihr wißt, meine Freunde," fuhr Varlin fort, „daß die Internationale gesetzlich verboten ist, und daß die Polizei das Recht hat, jede Thätigkeit dieser Association sofort zu verhindern. Nun aber ist unsere ganze Organisation, wenn wir uns auch als democratisches Comité constituirt haben, dennoch die der Internationalen. Wir Alle sind Mitglieder des Bureaus derselben, und in allen Provinzen sind es wieder die Zweigvereine der Internationalen, in deren Händen die Agitation liegt. Das giebt der Polizei Gelegenheit, sobald sie will, unsere ganze Agitation als eine Thätigkeit der Internationalen zu bezeichnen und zu verbieten — es wäre unklug, ein solches Verbot zu provociren oder möglich zu machen, und ich halte es demnach für nothwendig, daß von Seiten der Internationalen eine öffentliche Kundgebung stattfindet, welche vollkommen klar stellt, daß die democratische Association gegen das Plebiscit mit der internationalen Arbeiteragitation nichts zu thun hat. Ich halte eine solche Kundthuung practisch für nothwendig, außerdem aber," fuhr er einen raschen Blick im Kreise umherwerfend fort, „deshalb für geboten, weil allerdings die jetzt von uns ausgeübte Thätigkeit mit den eigentlichen Zielen der Internationalen wie dieselbe in den Statuten derselben ausgestellt sind, nicht identisch ist."

„So soll die Internationale die Thätigkeit des democratischen Comités desavouiren," fragte Lermina, den flammenden Blick auf Varlin richtend.

„Das nicht," erwiderte dieser, „doch soll sie erklären, daß sie mit dieser rein politischen Sache nichts zu thun hat. Ich wiederhole," fuhr er fort, „daß diese Erklärung nach meiner Ueberzeugung zunächst der Polizei gegenüber nöthig ist, um ihr die Möglichkeit zu nehmen, gegen das democratische Comité unter dem Vorwand einzutreten, daß es mit den Internationalen identisch sei, so dann aber auch im Interesse der Macht der Internationalen selbst. Wir Alle, meine Freunde," fuhr er fort, „sind darüber einig, daß nur durch eine politische Revolution, durch welche das jetzt begehende Regiment und die ganze Staatsordnung zertrümmert, die socialen Ziele in der Internationalen erreicht werden können, aber — ihr müßt wissen, wie ich, daß unter den Arbeitern, namentlich in den Provinzen, noch sehr viele vorhanden sind, welche vor einer politischen Revolution zurückschrecken, und welche noch in der Idee befangen sind, von welcher wir in dem leitenden Mittelpunkt uns frei gemacht haben, — von der Idee nämlich, daß auf friedlichem und gesetzlichem Wege eine Verbesserung der Lage des Arbeiterstandes erreicht werden könne; um Aller dieser willen ist es ebenfalls nöthig, daß wir die Internationale als solche von jeder Thätigkeit gegen das Plebiscit fern halten."

Lermina blickte nachdenklich vor sich hin, die Gründe Varlins schienen ihm einzuleuchten, dennoch mochte es seiner im Grunde ehrlichen und graden Natur widerstreben, aus Rücksichten der Klugheit solche Doppelwege zu gehen.

Einzelne Stimmen der Mißbilligung erhoben sich aus dem Zuhörerkreise.

„Das würde nur Verwirrungen in die Begriffe bringen," rief man — „warum nicht etwas sagen, wovon man überzeugt ist, — um so besser, wenn in diesem Augenblick ein Zusammenstoß mit der Gewalt erfolgt, — einmal muß es ja doch dazu kommen."

„Halt, meine Freunde," rief Varlin mit seiner durchdringenden Stimme die verschiedenen Rufe übertönend, „höret zunächst an, wie ich die Erklärung der Internationalen entworfen habe, Euch wird dann Alles besser klar werden. Sie soll wahrlich die Thätigkeit unseres democratischen Comités nicht desavouiren, und sie soll uns nur davor schützen, daß wir durch einen rohen Eingriff der Polizeigewalt in unserer Wirksamkeit gehemmt und unterbrochen werden, bevor dieselbe ihre Früchte getragen hat."

Er winkte gebieterisch mit der Hand und während der aufmerksamen Stille, die unmittelbar eintrat, las er, den Blick auf das Papier in seiner Hand geheftet, den von ihm vorgeschlagenen Entwurf der Erklärung der Internationalen:

„Der Bundesrath des internationalen Arbeitervereins giebt den Insinuationen und Anschuldigungen der offiziellen und offiziösen Blätter über seine Theilnahme an der politischen Agitation dieser Tage hiermit ein formelles Dementi. Die Internationale weiß nur zu gut, daß die Leiden aller Art, welche das Proletariat zu dulden hat, bei weitem mehr den ökonomischen Zuständen der Gegenwart, als den Zufälligkeiten des Despotismus einiger Staatsmänner zuzuschreiben sind. Sie wird ihre Zeit nicht mit Nachsinnen über die Befestigung des kaiserlichen Despotismus verlieren. Der internationale Arbeiterverein, der eine permanente Verschwörung aller Unterdrückten, aller Ausgebeuteten ist, wird den ohnmächtigen Verfolgungen gegen seine Führer trotzend, so lange fort bestehen, bis alle Ausbeuter der Arbeit, alle Capitalisten, alle Pfaffen und alle politischen Abenteurer verschwunden sein werden."

„Ich glaube," sprach er, indem sein Blick über die Versammlung hinglitt, „daß nach dieser Erklärung Niemand wird sagen können, es sei die Internationale, welche die gegenwärtige democratische Agitation führe, — und doch wird darin gewiß kein abfälliges Urtheil über seine Thätigkeit gesprochen."

„Varlin hat Recht," rief man von allen Seiten — „er ist klug und vorsichtig, — er denkt an Alles, die Proclamation ist gut, sie soll erlassen werden."

Niemand widersprach an dem Tisch des Comités, nur Raoul Rigault zuckte leicht die Achseln und schlug mit dem Spazierstöckchen auf seine Stiefel.

Varlin legte das Papier, dessen Inhalt er vorgelesen, Lermina vor, der es mit einem raschen Federzug unterzeichnete. Die Uebrigen folgten Alle.

Lermina erklärte sodann die Sitzung für geschlossen, und die Versammelten verließen in einzelnen Gruppen, um kein Aufsehen zu erregen, langsam und schweigend das Zimmer, indem sie sich, sobald sie aus dem äußern Theil des Hauses auf die Straße traten, nach verschiedenen Richtungen hin zerstreuten.

Raoul Rigault näherte sich Lermina.

„Bleibt noch einen Augenblick hier," sprach er, „ich habe Euch eine
Mittheilung zu machen."

„Gut," sagte Lermina.

Raoul Rigault trat zu Varlin und dann zu Ulric de Fonvielle, indem er sie ebenfalls aufforderte, noch zu bleiben.

Bald war das Zimmer leer, und an dem großen Tisch befanden sich nur noch
Lermina, Varlin, Ulric de Fonvielle und Raoul Rigault.

In der Tiefe des Zimmers war ebenfalls eine Gestalt sitzen geblieben, welche man bei der matten Beleuchtung nur in dunkeln Umrissen erkennen konnte.

„Meine Freunde," sagte Raoul Rigault indem er das herabgefallene Monocle mit einer etwas gezierten Bewegung wieder in das Auge warf, „ich habe Euch ruhig sprechen und beschließen lassen, ohne irgend Etwas dabei zu bemerken, weil ich Alles das für ein Geschwätz halte, durch welches Nichts erreicht wird; — dieses Plebiscit," fuhr er mit selbstgefälligem Lächeln fort, „ — wird trotz unserer Agitation ganz nach dem Plan seiner Arrangeurs ausgeführt werden, — und" sagte er sich zu Varlin wendend — „trotz des Protestes der Internationale wird man uns alle verhaften, wenn man irgend dazu Lust verspürt."

„Das ist Alles was Sie uns zu sagen haben und weshalb Sie uns gebeten haben, hier zu bleiben?" fragte Lermina mit seiner harten klanglosen Stimme.

„Der Bürger Rigault ist sehr jung," sagte Varlin mit einem finstern Blick auf den stutzerhaft lächelnden jungen Mann, — „es würde ihm vielleicht besser anstehen aus den Erfahrungen ältere Personen zu lernen, als deren Handlungen zu critisiren."

Ulric de Fonvielle sagte Nichts, — er kannte Raoul Rigault und wußte, daß wenn dieser junge Mensch mit dem blasirten gleichgültigen Gesicht lächelte ein furchtbarer, blutiger Gedanke in seinem Gehirn arbeitete. Er blickte ihn forschend an und wartete.

„Handlungen?" fragte Raoul Rigault höhnisch die Achseln zuckend, ohne die unmuthigen finstern Blicke Lermina's und Varlin's zu beobachten, — „Ihr nennt das Handlungen — diese versteckten Agitationen, diese zweideutigen Erklärungen und Proteste? Handelt" — fuhr er fort, „handelt, wie man in großen ernsten Angelegenheiten handeln muß, und meine Critik wird schweigen, — ich werde wahrlich der Erste sein mit Euch zu handeln, — aber ich sehe nicht ein wozu alle diese Geschäftigkeit führen soll."

„Wenn man tadeln will was Andere thun, so muß man Etwas Besseres vorzuschlagen haben," sagte Lermina kurz und hart.

Varlin machte eine Bewegung, als wollte er ausstehen.

„Hört mich an," sagte Raoul Rigault, indem er ihn mit der Hand zurückhielt.

Er stützte die Arme auf den Tisch und bewegte sein

Stöckchen leicht in der Luft hin und her.

„Der Augenblick ist günstig," sprach er weiter in einem Tone als unterhielte er sich über irgend ein gleichgültiges Tagesereigniß, — „der Augenblick ist günstig um einen großen Schlag auszuführen, — einen Schlag der uns mit einem Mal an das Ziel aller unserer Bestrebungen führen kann."

„Und wie sollte dieser Schlag ausgeführt werden," fragte Varlin mit einem fast verächtlichen Lächeln.

„Sehr einfach," erwiderte Raoul Rigault, immer mit seinem Stöckchen spielend, „unsere Vereine sind in ganz Frankreich vortrefflich organisirt, wir können sie von hier aus mit einem Wort in active Bewegung setzen, wir können überall den Aufstand ausbrechen lassen."

„Das können wir," erwiderte Lermina, „wenn wir es aber thun, so wird das in diesem Augenblick keine weitere Folgen haben, als daß der Aufstand überall durch die rohe Gewalt der Tyrannei niedergeschlagen und für die Zukunft alle unsere Hoffnungen zertrümmert werden."

„Wenn eben die Tyrannei noch besteht," erwiderte Raoul Rigault, „wenn diese Maschine, welche man die kaiserliche Regierung nennt, überhaupt in jenem Augenblick noch arbeitet."

„Und wie wollen Sie," fragte Lermina, „indem Augenblick des Aufstandes die so fest gegliederte Regierungsmaschine zerstören und unwirksam machen?"

„Die Maschine," sagte Raoul Rigault, „wird von selbst unwirksam, wenn sie keinen Mittelpunkt, eine bewegende Triebfeder mehr hat. Ich kümmere mich nicht um die Maschine, ich zerstöre den Mittelpunkt, und die Arbeit des

Ganzen hört auf — Frankreich gehört uns."

Lermina begann aufmerksam zu werden.

„Der Gedanke ist logisch," sagte er. „Wie kann er ausgeführt werden?"

„Sehr einfach," erwiderte Raoul Rigault, „indem man den Kaiser tödtet und den Sitz der Regierung zerstört."

Ganz erstaunt blickten Lermina und Varlin auf diesen jungen Menschen, welcher im gleichgültigen und ruhigsten Ton von der Welt einen Satz aussprach, der in seinen wenigen Worten den Umsturz der öffentlichen Ordnung Frankreichs vielleicht Europas enthielt.

„Um den Kaiser zu tödten," fuhr Raoul Rigault fort, „bedarf es nur eines entschlossenen Menschen, welcher sein Leben aufs Spiel setzt, wie dies ja alle Soldaten oft für viel unwichtigere und gleichgültigere Dinge thun, und in dessen Hand man ein Werkzeug legen würde, welches den Erfolg seines Unternehmens nicht von dem Zufall abhängig macht, — zur Zerstörung des Mittelpunkts der Regierung bedarf es nur," sagte er mit selbstgefälligem Lächeln, „einiger practischen Anwendungen der Chemie, — und was sonst die Folge der Revolution war, wird gegenwärtig der Revolution vorangehen und ihr den Weg frei machen. Die Mittel, von denen ich so eben gesprochen habe, sind gefunden. Um den Kaiser sicher zu tödten, ohne die Sache von einem falschen Augenmaß oder von einem nervösen Zittern der Hand abhängig zu machen, ist hier das Mittel."

Er zog aus der Tasche seines Rockes einige kleine eirunde Eisenkörper mit verlängerter Spitze hervor und legte sie auf den Tisch.

„Sie sind," sagte er lächelnd, „allerliebste Sprengbomben

von einer gewaltigen Explosionskraft. Man hat garnicht nöthig zu zielen. Man wirst sie eine nach der andern in den Wagen des Kaisers, wenn er vorüber fährt und vor die Füße seines Pferdes, wenn er reitet, und bevor die vierte oder fünfte geworfen ist, wird von Demjenigen, der heute Frankreich zu beherrschen glaubt, nichts mehr übrig sein, als einige kleine in der Luft zerstreute Atome. Um diese Bomben zu werfen," fuhr er, die Stimme etwas dämpfend, fort, „gehört ein Mann, welcher fanatisch oder gleichgültig genug ist, um sein Leben an dies Wagniß zu setzen — ein Gleichgültiger," fügte er hinzu, „ist mir lieber, als ein Fanatiker, — und dieser Mann ist gefunden."

Er erhob sich, wandte sich nach der Tiefe des Zimmers, die dunkle Gestalt, welche von den Uebrigen unbemerkt dort bei der Entfernung der Versammlung geblieben war, trat in den Lichtkreis, und man sah einen jungen Mann von höchstens zwanzig bis einundzwanzig Jahren, dessen völlig bartloses, gleichgültiges und etwas stupides Gesicht einen noch fast knabenhaften Ausdruck hatte.

Raoul Rigault ergriff diesen jungen Mann, der einen einfachen Anzug von sogenannter Marengofarbe und einen kleinen runden Hut trug, bei der Hand und sagte:

„Hier ist der Bürger Beaury, welcher von London kommt und bereit ist, den ersten und gefährlichsten Schlag in dem großem Entscheidungskampf für die Rechte der arbeitenden Gesellschaft zu führen. Er wird diese Bombe werfen und den fanatischen Imperator, vor welchem sich heute die blöde Menge in den Staub beugt in die Luft sprengen."

Tief erstaunt, beinahe bestürzt und erschrocken blickten die drei Andern auf diesen jungen Menschen, welcher da so plötzlich wie aus der Erde hervorgezaubert unter ihnen stand und sie mit einem ruhigen gleichgültigen Lächeln anblickte.

„Wer sind Sie," fragte Lermina.

„Ich heiße Beaury," erwiderte der junge Mann. „Ich war früher Corporal in der Armee des Tyrannen, seit einem Jahr bin ich Flüchtling in London, Herr Flourens hat mich hierhergeschickt, — hier ist meine Beglaubigung."

Er zog aus der Tasche seines Rockes ein offenes, etwas zerknittertes
Papier hervor und überreichte es Lermina.

„Ein Brief von Flourens," sagte dieser.

„An meine Genossen in Frankreich," fuhr er fort, das Papier lesend, „der Ueberbringer dieses, der Bürger Beaury ist bereit und geschickt Alles das auszuführen, was man ihm austragen wird, man kann sich vollkommen auf ihn verlassen. Gustav Flourens."

Er reichte das Papier Varlin, Fonvielle neigte sich herüber und sah über dessen Schulter in die Schrift.

„Es ist Flourens' Handschrift," sagten Beide.

„Sie wissen, was Sie thun sollen," fragte Lermina, immer noch verwundert den knabenhaften jungen Menschen ansehend.

„Gewiß" erwiderte dieser, „ich soll diese Bombe da," er deutete auf den Tisch, „nach dem Kaiser werfen, den ich sehr genau kenne, und den ich nicht verfehlen werde. Ich habe auch noch dies zu übergeben," sagte er dann.

Er zog ein anderes Papier aus der Tasche und gab es Lermina.

„Eine Anweisung auf vierhundert Francs," sagte dieser, „ebenfalls von
Flourens unterzeichnet."

Lermina gab die Anweisung an Varlin, welcher einen Schlüssel aus der Tasche zog, eine Schublade des Tisches öffnete und dem jungen Menschen vier Bankbillets von hundert Francs übergab.

„Nun gehen Sie," sagte Raoul Rigault zu Beaury, welcher ganz vergnügt seine Bankbillets einsteckte, „Sie werden Ihre näheren Anweisungen erhalten. Ihre Adresse?"

„Rue St. Maur Nummer zweiunddreißig," sagte der junge Mensch, indem er sich leicht gegen die Uebrigen verneigte und das Zimmer verließ.

„Ihr seht," sagte Raoul Rigault mit zufriedenem Lächeln, „daß ich mich ein wenig auf das verstehe, was Handeln heißt, und daß ich vielleicht ein wenig Recht habe, unpractische Maßregeln zu kritisiren."

Varlin und Lermina erwiderten nichts.

„Doch weiter," sagte Ulric de Fonvielle, „die Ermordung des Kaisers nützt uns wenig, wie wir ja langst überlegt haben."

„Das ist eine Ansicht, die ich stets vertreten habe," sagte Raoul Rigault, „Ihr könnt also nicht erwarten, daß ich glauben sollte, mit diesem ersten Schlage sei Alles gethan. Auch habe ich Euch ja vorhin gesagt, daß meine Pläne zur Handlung zwei Punkte haben. Der Erste war die Ermordung des Kaisers; der Zweite ist die Zerstörung des Mittelpunkts der Regierung."

„Das wird etwas schwerer sein," sagte Varlin, den Kopf schüttelnd.

„Allzu umfassendere Vorbereitungen bedürfen wir nicht," sagte Raoul Rigault. „Wir haben von diesen kleinen Maschinen," fuhr er fort auf die auf dem Tische liegenden Bomben deutend, „einen Vorrath von tausend Stück, welche ein Herr Lepet, ein harmloser Mann, in dem Gedanken gegossen hat, daß es Theile eines neu erfundenen Vélocipédes wären. Sie befinden sich an einem sichern Ort und können im Lauf weniger Stunden gefüllt werben. Wir bedürfen dann nur noch einer gewissen Quantität Petroleums, einer Quantität Pikrinsäure und eines Haufens alter Weiber und kleiner Kinder, wie wir sie in beliebiger Menge in Belleville und St. Antoine finden können."

„Und dann," fragte Lermina.

„Dann," sagte Raoul Rigault die Achseln zuckend, „nehmen diese alten Weiber und die Kinder die Bomben, werfen je einige hundert Stück davon durch die Fenster der Tuilerien und der verschiedenen Ministerialgebäude, gießen zu gleicher Zeit Jeder sein Gefäß voll Petroleum in die Keller und Souterrains und zünden diese angenehme Flüssigkeit mit einem kleinen Schwefelholz an. In wenigen Augenblicken werden alle diese Centren der Regierungsgewalt in Flammen stehen, alle diese Minister, Bureauchefs und Beamten werden fliehen. Das Ende der Fäden, welche in die Provinzen führen und dort die Regierungskräfte in Bewegung setzen, wird zerstört sein, und das Volk wird sich aus den Vorstädten heranwälzen, und bevor noch irgend Jemand weiß, was eigentlich vorgeht, wird Alles gethan sein, Paris wird uns gehören, und diese träge, unentschlossene Masse, welche man Volk nennt, wird hier wie im ganzen Lande unsern Befehlen folgen und durch unsere Organisation in Bewegung gesetzt werden. Das Einzige, worauf es ankommt, ist, daß die Sache schnell und auf allen Punkten gleichzeitig ausgeführt wird.

Das ist mein Vorschlag," sagte er, sich auf seinen Stuhl zurücklehnend und mit dem Stöckchen an seine Stiefel klopfend, „er ist einfach, leicht ausführbar und wirksam. Die Vorbereitungen sind getroffen. Wollt Ihr handeln, so handelt, wollt Ihr es nicht, so laßt es bleiben, dann aber werde ich mich zurückziehen, denn ich habe keine Lust mehr, meine Zeit mit Redensarten und zwecklosen Agitationen zu verschwenden."

„Der Plan ist großartig, vortrefflich! Dieser kleine Raoul Rigault hat wirklich eine Armee in seinem Kopf," rief Ulric de Fonvielle.

„Die Sache ist allerdings gut ausgedacht," sagte Lermina, „und sie kann reussiren."

Varlin sagte nichts. Er saß tief nachdenkend da, doch zeigte der
Ausdruck seines Gesichts, daß er den Plan Raouls billige und über dessen
Ausführung nachsann.

„Natürlich kann die Sache reussiren," sagte Raoul Rigault, „und sie muß reussiren, wenn sie nicht überaus dumm angegriffen wird, und daß dies nicht geschieht, dafür müßt Ihr sorgen. Ich habe nicht Lust," fügte er im affectirt hochmüthigen Ton hinzu, „mich um diese petites besognes zu kümmern. Ich habe Euch die Instrumente geschafft, ich habe Euch einen Menschen gestellt, welcher den ersten Schlag führen wird, an Euch ist es, die Stunde fest zu stellen und Eure alten Weiber und Kinder an die richtigen Orte zu führen, um aus diesen alten dumpfen Bureaus und Aktenhaufen ein lustiges, fröhliches Feuer aussteigen zu lassen. In drei Tagen könnt Ihr damit fertig sein. Jetzt laßt uns gehen, es könnte im Hause Aufsehen erregen, wenn wir noch länger hier bleiben."

Er stand auf, grüßte mit einer stutzerhaften Bewegung mit der Hand und ging hinaus.

„Er hat uns in der That überflügelt," sagte Lermina, ihm finster nachblickend, — „ich liebe ihn nicht, diese ganze geckenhafte Art wichtige Dinge zu behandeln, mißfällt mir. Aber seine Ideen sind gut und seine Vorbereitungen vortrefflich. Wenn Ihr einverstanden seid, soll der Plan ausgeführt werden, er kann uns Jahre langer Agitationen überheben und mit einem Schlage an das Ziel unserer Wünsche führen, — und selbst, wenn der Plan mißlingen sollte, was ist dabei verloren — ein zerschmetterter Kaiser, einige ausgebrannte Steinhaufen, — weiter nichts," fügte er mit einem entsetzlichen Lächeln hinzu, welches seine steinernen und unbeweglichen Züge in furchtbarer Weise verzerrte.

„Der Plan wird gelingen," rief Ulric de Fonvielle lebhaft, „die ganze Kraft der Regierung ist zertrümmert, sobald der Mittelpunkt zerstört ist, Frankreich und die Zukunft gehört uns."

Varlin stand auf.

„Der Plan *kann* gelingen," sagte er, „wenn Niemand außer uns etwas davon erfährt, keines der Werkzeuge, die wir benutzen werden, darf den ganzen Zusammenhang dessen, was geschehen soll, auch nur ahnen."

Er streckte seine Hand aus.

„Schwören wir uns gegenseitig," sagte er, „bei unserm Hasse gegen die Ausbeuter der Arbeit Verschwiegenheit und Tod dem, der den Schwur bricht."

Lermina und Fonvielle legten ihre Hände in diejenige Varlins.

„Wir schwören Verschwiegenheit," sprachen sie, „Tod dem, der diesen
Schwur bricht."

Dann verschlossen sie sorgfältig alle Schubladen des großen Tisches, in welche sie vorher die von Raoul Rigault mitgebrachten Proben der Sprengbomben legten, verließen das als ein einfaches Versammlungslocal erscheinende Zimmer, ohne dessen Thür zu verschließen und gingen vor dem äußern Thor des Hauses nach verschiedenen Richtungen auseinander.

Einige Augenblicke blieb der große dunkle Raum im tiefen Schweigen, dann ließ sich ein leises Geräusch vernehmen; — unter dem Tisch, an welchem die vier Verschwörer so eben gesessen hatten, drang ein Lichtstrahl hervor, eines der Bretter des Fußbodens erhob sich, aus der Öffnung stieg ein Mann mit einer kleinen Blendlaterne hervor. Er leuchtete mit dem hellen Strahl seiner Laterne nach allen Seiten in die Tiefe des Zimmers hinein, dann drückte er das erhobene Brett sorgfältig in seine alte Stelle zurück, scharrte etwas von dem auf dem Boden liegenden Staub in die Spalten, zog dann mehrere sauber gearbeitete Schlüsselhaken aus der Tasche und öffnete die Schublade des Tisches. Er nahm eine der Bomben und steckte sie in seine Tasche, dann zog er ein kleines Notizbuch hervor und schrieb beim Schein seiner Laterne einige Worte in dasselbe, indem er vor sich hinflüsterte.

„Lepet, Gießer, — Beaury, Rue St. Maur Nummer zweiunddreißig."

Dann ging er zur Thür, löschte seine Laterne aus, verließ leisen Schrittes den Hof und das Haus und begab sich ruhig, die damals so beliebte Melodie des Pompier de Nanterre vor sich hin pfeifend nach der Polizeipräfectur, wo er durch den Dienst thuenden Huissier sogleich in das Cabinet des Präfecten geführt wurde.

Ende des zweiten Bandes.

www.ingramcontent.com/pod-product-compliance
Lightning Source LLC
Chambersburg PA
CBHW021817230426
43669CB00008B/786